우리를 지키는 법

우리를 지키는 법

노윤호 지음

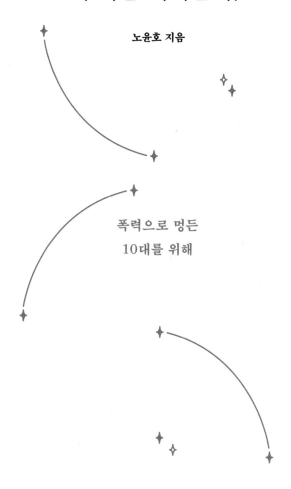

폭력으로 멍든
10대를 위해

카멜북스

일러두기
본문에 등장하는 인물은 모두 가명을 사용하였으며, 실제 사건을 각색
하였음을 알립니다.

프롤로그

'같은 반 친구에게 폭행 당해 전치 6주', 'SNS 괴롭힘 늘어나는 학교폭력', '학교폭력 해마다 증가세'……

하루가 멀다 하고 학교폭력, 아동학대, 가정폭력 등의 뉴스가 보도됩니다. 이 사건들의 피해자는 여러분과 같은 어린 친구들이지요. 지금도 우리 주변에서는 계속해서 청소년을 대상으로 한 범죄와 폭력이 발생하고 있습니다. 이러한 폭력으로부터 청소년을 보호하기 위해 여러 법과 제도가 마련되어 있습니다. 그러나 정작 청소년은 어떤 법이 있는지, 자신이 어떤 보호를 받을 수 있는지 알지 못합니다. 그러다 보니 피해를 당하고도 신고하거나 도움을 받을 생각을 하지 못한 채 혼자 참고 견디기도 하지요. 법과 제도가 아무리 잘 마련되어 있다고 해도 정작 자신이 어떤 보호를 받을 수 있는지, 자신에게 어떤 권리가 있는지조차 모르고 있다면 무슨 소용일까. 『우리를 지키는 법』은 이러한 물음에서 출발했습니다.

1장에서는 법이 나를 어떻게 지켜 주는지, 아동·청소년의 권리와 의무는 무엇인지 그리고 법을 다루는 경찰, 검찰, 법원, 변호사에게 어떤 도움을 받을 수 있는지를 소개했습니다. 아울러 청소년에게 직접 해당되는 소년보호사건에 대해서도 다루었습니다. 2장부터 5장까지는 청소년을 대상으로 가장 많이 발생하는 학교폭력, 사이버폭력, 성폭력, 아동학대와 가정폭력을 차례로 다루었습니다. 실제로 발생하는 폭력의 유형에는 어떤 것들이 있는지 알아보고 피해를 당했을 때 사건 해결에 도움이 되는 실질적인 대처 방법, 처벌 규정과 법에서 마련한 보호 제도, 신고와 보호를 지원해 주는 기관들에 대해 소개했습니다. 또한 책 말미에 특별 상담소를 마련해 청소년이 일상에서 마주할 수 있는 문제 상황들을 모아 문답 형식으로 엮었습니다. 『우리를 지키는 법』은 여러 폭력으로 고통받고 있는 피해 청소년뿐만 아니라 자녀의 폭력 피해로 고민 중인 학부모나 현장에서 직접 학생들을 지도해야 하는 교사에게도 실질적인 도움을 주는 지침서가 되어 줄 것입니다.

아동·청소년의 아픔에 공감하고 이 책이 청소년 친구들과 만날 수 있게 도와주신 카멜북스에 감사드립니다. 또 항상 저의 곁에서 도와주는 가족과 사무실 직원들에게도 고마운 마음을 전합니다. 이 책을 집필하는 동안 저의 배 속에서 함께하던 아기는 이제 세상에 나와 무럭무럭 자라고 있습니다. 훗날 이 아기가 아동·청소년으로 자랐을 때는 누구나 법이 자신의 편이라는 사실을 아는 세상이 되어 있기를 바라는 소망이 이 책을 집필하는 원동력이 되었습니다. 저에게 이러한 원동력을 심어 준 딸 정승연에게 이 책을 바칩니다.

2장

학교폭력

3장

사이버폭력

4장

성폭력

5장

아동학대, 가정폭력

1장

힘세고 강한 내 편, 법

생활에서 뗄 수 없는 법

우리는 태어나면서부터 법과 함께합니다. 은영이를 예로 들어
볼까요? 은영이는 아빠, 엄마, 동생과 함께 살고 있습니다. 우리
는 태어날 때부터 함께해 온 가족의 존재를 당연하게 받아들이
지만 사실 가족은 민법으로 엮여 있는 관계입니다. 부모님은 혼
인으로, 은영이와 동생은 부모님이 낳은 자식으로 말이지요. 은
영이가 학교에 갈 때 타는 시내버스도 버스 기사님이 마음대로
운행하는 것이 아닙니다. 시내버스를 관리하는 회사가 여객자
동차운수사업법에 따라 운행하는 것이지요. 은영이가 정해진
금액을 버스비로 지불한 후 도착지까지 이동하는 것도 일종의
계약에 따른 것입니다. 버스 기사님은 안전하게 운전해 은영이
와 승객들의 안전을 지킬 의무, 은영이는 다른 승객에게 불편을
주거나 버스 기사님의 안전 운전을 방해하지 않을 의무 등을 서
로 지켜야 합니다. 또 도로에서 버스 기사님은 도로교통법 같은
교통법규를 반드시 지켜야 하지요. 학교에서도 은영이는 많은
법 속에서 생활하고 있습니다. 초·중등교육법에 따라 설립되고
운영되는 학교는 교육기본법에 따라 학생을 교육합니다. 선생님
역시 초·중등교육법에 따라 학생을 교육하거나 징계할 수 있습
니다. 사이버 세상도 법에서 자유로울 수 없습니다. 은영이가 매

일 접속하는 인터넷, SNS 또한 개인정보보호법, 통신비밀보호법 등 많은 법으로부터 권리와 의무가 주어집니다. 가령 저작권자의 허락 없이 무단으로 사진이나 음악, 글을 사용했다가는 저작권법에 저촉될 수 있는 것처럼 말이지요. 이처럼 우리는 아침에 눈을 떠서 밤이 되어 잠에 들 때까지 법의 테두리 안에서 살아가고 있습니다.

법은 나를 어떻게 지켜 줄까?

법의 의미

앞서 은영이의 사례에서 본 것처럼 우리의 삶은 아주 사소한 것이라도 법과 맞닿아 있습니다. 그래서인지 우리는 갈등이 생겼을 때 "법대로 하자고!"라는 말을 하곤 합니다. 그렇다면 법이란 무엇일까요? 사람들은 오래전부터 서로 관계를 맺고 집단을 이루어 생활해 왔습니다. 그런데 서로의 의견과 가치관이 다르다 보니 갈등과 싸움이 일어나게 되었지요. 갈등과 싸움이 지속되면 누군가는 피해를 입게 되고 사회가 혼란스러워지기 때문에 사람들은 다양한 의견을 모아 대다수가 수긍할 수 있는 공정한 기준, 즉 법을 만들었습니다.

이처럼 법은 사회 구성원이 정한 약속이므로 법을 만드는 주체 또한 사회 구성원입니다. 헌법은 국민 모두의 투표로 결정됩니다. 그러나 모든 법을 국민 개개인이 참여해 만들기란 사실상 불가능하므로 우리는 대표자를 선출해 대표자가 법을 만들도록 하고 있습니다. 법을 만드는 대표자가 바로 '국회의원'이며 구성원들이 대표자를 선출하는 것이 '선거'입니다. 국회의원이 만드는 법이 상위법이라면 행정부에서 정하는 명령, 지방자치단체에서 정하는 조례, 법령, 조례의 위임을 받아 정하는 규칙 등을 하위법이라고 합니다. 이때 하위법도 국민, 시민, 구민이 선출한 대통령, 시장, 시 의원, 구 의원, 교육감 등 대표자가 만들게 됩니다.

··· 법의 체계

종류	적용 범위	법을 만드는 주체
헌법	대한민국	국민투표
법률	대한민국	국회
명령	대한민국	대통령, 국무총리, 장관
조례	각 행정구역 예: 서울시, 종로구	지방 의회 예: 서울시의회, 종로구의회
규칙	각 행정구역 예: 서울시, 종로구	지방자치단체장 예: 서울시장, 종로구청장, 서울시 교육감

헌법

헌법은 국가의 근본을 규정한 법으로 국민의 기본권

을 규정하고 이를 보장하며 국가의 통치 조직을 정하고 국가
권력의 행사와 그 근원에 대해 규정한 최고법입니다. 헌법에
따라 법률을 제정하고 국가기관을 조직하기 때문에 헌법을
근거로 한 민법이나 형법 등의 하위법은 헌법을 위반할 수
없습니다.

··· 국민의 권리

헌법에서는 대한민국의 주권은 국민에게 있으며 모
든 권력은 국민으로부터 나온다고 명시하고 있습니다
(헌법 제1조). 그리고 모든 국민은 인간으로서의 존엄
과 가치, 행복추구권을 가지며 평등권, 신체의 자유, 거
주·이전의 자유, 직업 선택의 자유, 사생활의 비밀과
자유, 양심의 자유, 표현의 자유, 집회의 자유, 결사의
자유, 학문의 자유, 예술의 자유, 재산권, 선거권, 공무
담임권, 청구권, 재판을 받을 권리, 교육권, 근로의 권
리, 인간다운 생활을 할 권리 등 국민이 가진 자유와
권리를 정하고 있습니다. 또한 미성년자와 청소년에 대
해서는 별도의 규정을 마련해 두었는데 모든 국민은 자
녀에게 초등교육과 법률이 정하는 교육을 받게 할 의무
가 있고(헌법 제31조 제1항), 연소자의 근로는 특별한

보호를 받도록 하며(헌법 제32조 제5항), 국가는 청소년의 복지 향상을 위한 정책을 실시할 의무가 있음(헌법 제34조 제4항)을 명시하고 있습니다.

··· 기본권 제한과 국민의 의무

하지만 국민의 자유와 권리가 무조건 인정되는 것은 아닙니다. 가령 나에게 신체의 자유가 있다고 해서 다른 사람을 폭행해서는 안 됩니다. 이 경우 형법에 따라 폭행죄로 처벌받는데 이는 기본권의 제한 때문입니다. 국민의 모든 자유와 권리는 국가의 안전, 질서유지, 공공복리를 위해 필요하다고 판단하면 법으로 제한할 수 있습니다(헌법 제37조). 또 국민은 권리뿐만 아니라 의무도 부담하게 되는데, 앞서 언급한 모든 국민이 자녀에게 교육을 받게 할 의무(교육의 의무)를 포함해 근로의 의무(헌법 제32조 제2항), 납세의 의무(헌법 제38조), 국방의 의무(헌법 제39조 제1항)를 일컬어 '국민의 4대 의무'라고 합니다.

민법

민법은 개인들 간의 재산 관계, 가족관계에 대한 권리

와 의무를 정한 법입니다. 개인 간에 물건 등을 사고파는 '매매', 집주인인 임대인에게 집을 빌리는 대신 일정한 값을 지불하는 '임대차', 법을 위반해 누군가에게 손해를 입혔을 때 이에 대한 책임을 정한 '손해배상' 등 일상생활에서 일어나는 개인들 상호 간의 관계를 규정하고 있습니다. 또 부모와 자식 관계, 혼인에 따른 남편과 아내의 관계, 이혼, 상속 등 가족관계에서 발생하는 내용에 대해서도 규정하고 있습니다.

··· 미성년자가 스마트폰을 직접 개통할 수 있을까?

민법에서는 미성년자를 만 19세가 되지 않은 사람으로 정의하고 있습니다. 만 19세 미만의 미성년자가 법률행위를 할 때는 법정대리인(부모님 혹은 보호자)의 동의를 얻어야 하고, 동의를 얻지 않은 행위는 미성년자 본인과 법정대리인이 취소할 수 있도록 하고 있습니다(민법 제5조). 예를 들어 미성년자가 스마트폰을 개통하려면 법정대리인인 부모님의 동의를 얻어야 합니다. 이는 아직 합리적으로 판단하는 능력이 부족한 미성년자가 자발적으로 계약 등의 행위를 했을 때, 부당한 일을 겪지 않도록 보호하기 위해서입니다.

… 부모님과 나

자녀가 태어나면 그때부터 부모님은 자녀에 대한 신분상, 재산상의 여러 권리와 의무를 칭하는 '친권'을 가지는 친권자가 됩니다. 부모님은 친권자로서 자녀가 성년이 될 때까지 자녀를 보호하고 교양할 권리, 의무를 갖고 자녀의 재산을 관리해야 하며 자녀는 친권자가 지정한 장소에서 거주해야 합니다. 그런데 친권자인 아버지 또는 어머니가 친권을 남용해 자녀의 행복을 해치거나 해칠 우려가 있는 경우에는 친권이 박탈되거나 제한될 수 있습니다.

형법

형법은 범죄행위를 규정하고 그 범죄행위를 저질렀을 경우 어떠한 처벌을 내릴지를 정한 법입니다. 예를 들어 사람의 신체에 힘을 행사해 고통을 주는 행위는 폭행죄, 여러 사람들 앞에서 모멸감을 느끼게 하는 말을 하는 행위는 모욕죄에 해당되며 각 범죄행위에 대한 처벌 규정에 따라 형사처벌을 받게 됩니다.

… 형벌의 유형

- **사형**: 살인 행위 등 잔인한 범죄를 저질렀을 경우에 내리는 가장 무거운 형벌로서, 범죄행위자의 목숨을 빼앗는 형벌입니다.

- **징역**: 일정 기간 동안 교도소에 가두고 강제 노동을 하게 하는 형벌입니다. 무기징역은 범죄행위자가 사망할 때까지 평생 교도소에 갇혀 있는 것이고, 유기징역은 1개월 이상~최대 50년 이내에서 정해진 기간 동안 교도소에 갇혀 있는 것을 의미합니다.

- **금고**: 일정 기간 동안 자유를 제한당한 채 교도소에 갇혀 있는 것은 징역과 같지만 강제노동을 하지 않는다는 점에서 차이가 있습니다.

- **구류**: 금고와 마찬가지로 일정 기간 동안 자유를 제한 당한 채 교도소에 갇혀 있지만 그 기간이 1일 이상 30일 미만으로 단기간의 형벌을 의미합니다.

- **벌금**: 일정 금액을 국가에 납부하는 재산상의 형벌입니다. 벌금의 액수는 5만 원 이상부터이며 최고액에는 제한이 없습니다. 만일 벌금을 내지 않으면 액수에 해당하는 만큼 노역장에 갇혀 강제노동을 해야 합니다.

- **과료:** 일정 금액을 국가에 납부하는 재산상의 형벌이라는 것은 벌금과 동일하나 그 액수가 2천 원 이상~5만 원 미만의 소액이라는 점에서 차이가 있습니다.

- **몰수:** 범죄행위와 관계있는 물건(재산)과 그 소유권을 박탈하는 재산상의 형벌입니다. 범죄행위에 제공한 물건, 범죄행위로 얻은 물건 등이 대상이 되는데 예를 들어 범죄에 사용하려고 준비한 흉기나 절도, 강도 행위로 훔친 물건, 절도로 얻은 물건을 팔아 얻은 금전, 도박으로 얻은 돈 등이 몰수의 대상입니다.

- **자격상실:** 범죄를 저질렀을 경우 특정한 자격을 갖지 못하도록 하는 형벌입니다. 사형, 무기징역, 무기금고의 판결을 받은 경우 공무원이 되는 자격, 공무원에 대한 선거권, 피선거권, 법인의 이사, 감사, 지배인, 재산관리인이 될 수 있는 자격이 박탈됩니다.

- **자격정지:** 범죄를 저질렀을 경우 특정한 자격을 갖지 못하도록 하는 형벌로서 유기징역, 유기금고의 형벌을 받은 자는 그 형의 집행이 종료되거나 면제될 때까지 위와 같은 자격이 박탈됩니다.

··· 형사 미성년자

형법은 만 14세 미만의 미성년자는 '형사 미성년자'라고 해서 범죄를 저질러도 처벌하지 않는다고 규정하고 있습니다(형법 제9조). 형사 미성년자는 자신의 행위에 대해 책임질 능력이 아직 부족하다고 판단하기 때문입니다. 대신에 형사 미성년자인 경우라도 소년법에서는 별도로 만 10세 이상~만 14세 미만의 미성년자는 소년재판을 받아 형사처벌 대신 '보호처분'을 받도록 하고 있습니다. 단, 만 10세 미만의 미성년자에게는 형사처벌은 물론 보호처분도 내릴 수 없습니다(41쪽 '소년보호사건' 참고).

만 10세 미만	만 10세 이상 ~만 14세 미만	만 14세 이상
보호처분 불가	보호처분 가능	
형사처벌 불가		형사처벌 가능

아동·청소년을 보호하기 위한 법

앞서 헌법과 민법, 형법에서 미성년자를 보호하는 규정에는 어떤 것들이 있는지 살펴보았습니다. 이처럼 미성년자를 보호하는 이유는 아직 판단 능력과 처벌 이후의 상황을 책임질 수 있는 능력이 부족하기 때문입니다. 이에 국가와 사회는 헌법, 민법, 형법 외에도 다양한 법률을 통해 청소년을 특별히 보호하고 있습니다.

⋯ 청소년 보호 규정을 두고 있는 법

- **청소년기본법**: 청소년의 권리와 가정, 사회, 국가, 지방자치단체의 청소년에 대한 책임을 정하고 있습니다. 청소년기본법에 따르면 청소년은 인종, 종교, 성별, 나이, 학력, 신체조건 등 어떠한 이유로도 차별을 받지 않을 권리, 자신의 의사를 자유롭게 밝히고 스스로 결정할 권리, 안전하고 쾌적한 환경에서 생활할 권리, 정신적·신체적 건강을 해칠 우려가 있는 환경으로부터 보호받을 권리를 갖습니다.

- **청소년보호법**: 청소년에게 유해한 매체물과 약물 등이 청소년에게 유통되는 것을 막거나 청소년이 유해한 업소에 출입하는 것을 규제하는 등 청소년을 유해 환경으로부터 보호하기 위한 법입니다.

- **아동복지법**: 만 18세 미만의 아동이 행복하고 안전하게 자랄 수 있도록 아동의 복지를 보장하는 법입니다. 아동복지법에 따르면 아동은 자신 또는 부모

의 성별, 연령, 종교, 신분, 재산, 장애 유무, 출생지역, 인종 등 어떠한 이유로도 차별받지 않고 자라나야 하고, 안정된 가정환경에서 행복하게 자라나야 하며 이를 위해 보호자, 지방자치단체, 국가의 책무, 아동학대 예방, 피해 아동 및 가족에 대한 지원 제도를 규정하고 있습니다.

· **아동·청소년의 성 보호에 관한 법률:** 아동·청소년을 대상으로 성범죄를 저지른 사람을 엄하게 처벌하고 피해 아동·청소년을 보호하고 지원할 수 있도록 절차를 마련한 법입니다.

· **근로기준법:** 만 15세 미만의 미성년자는 근로하지 못하도록 하며 미성년자에게 불리한 근로계약이라고 판단할 경우에는 미성년자 본인뿐만 아니라 친권자, 법정대리인이 계약을 해지할 수 있습니다. 또한 만 18세 미만의 근로자는 동의 또는 협의가 없는 한 1일 7시간 근로시간 초과근무 금지, 야간근로, 휴일근로를 금지하는 등으로 미성년자를 보호하고 있습니다.

· **학교보건법:** 학교에서 생활하는 학생들이 건강하고 위생적인 환경에서 학교생활을 할 수 있도록 학교

의 보건관리와 환경위생 정화에 필요한 사항을 규
정한 법입니다.

아동·청소년의 권리와 의무

아동·청소년의 연령에 따라 허용되는 권리

일정한 나이가 되면 아동·청소년도 일정한 행위를 할 수 있는 능력을 갖추었다고 보고 그에 따른 행위를 인정하고 있습니다.

- **만 14세 이상:** 형사상 책임 능력을 인정해 형사처벌이 가능합니다.
- **만 15세 이상:** 친권자의 동의를 얻어 근로계약을 체결하고 취업할 수 있으며 독자적으로 임금을 청구할 수 있습니다.
- **만 16세 이상:** 원동기 장치 자전거(배기량 50cc 미만의 엔진이 부착된 소형 모터사이클)의 운전면허 취득이 가능합니다.
- **만 17세 이상:** 주민등록증을 발급받게 되고, 단독으

로 유언을 남길 수 있습니다.

· **만 18세 이상:** 선거에 참여해 투표할 수 있고, 부모님의 동의를 얻어 혼인을 할 수 있으며, 자동차 운전면허 취득이 가능합니다.

학생 인권과 학생인권조례

청소년은 대부분 학교에 다니며 학생의 신분을 갖습니다. 학생은 학교라는 작은 사회의 구성원이자 주체로, 학생으로서의 특별한 권리를 갖게 되는데 이를 '학생 인권'이라고 합니다. 교육기본법 제12조 제1항은 '학생을 포함한 학습자의 기본적 인권은 학교 교육 또는 사회교육 과정에서 존중되고 보호된다'고 학생 인권을 명시하고 있습니다. 그리고 이를 토대로 각 지방자치단체[1]에서는 학생인권조례를 제정해 구체적인 권리의 내용을 밝히고 권리가 제대로 실현될 수 있도록 하고 있습니다.

---

1 학생인권조례가 모든 지방자치단체에 마련되어 있는 것은 아닙니다. 현재로서는 서울, 광주, 경기도, 전라북도, 충청남도, 제주특별자치도에서만 제정되어 실시하고 있습니다.

··· 학생인권조례의 구체적인 내용[2]

· **차별받지 않을 권리:** 학생은 성별, 종교, 나이, 출신 지역, 언어, 장애, 용모 등 신체조건, 가족 형태, 인종, 경제적 지위, 정치적 의견, 성적 지향성, 징계, 성적 등을 이유로 차별받지 않을 권리를 갖습니다.

· **폭력 및 위험으로부터의 자유:** 학생은 체벌, 따돌림, 집단 괴롭힘, 성폭력 등 모든 물리적, 언어적 폭력으로부터 자유로울 권리를 가집니다.

· **교육에 관한 권리:** 학생은 자신의 소질과 적성 및 환경에 합당한 학습을 할 권리, 자율학습, 방과 후 학교 등 정규 교육과정 외의 교육활동을 자유롭게 선택할 권리를 가집니다. 또 학생은 건강하고 개성 있는 자아의 형성, 발달을 위해 과중한 학습 부담에서 벗어나 적절한 휴식을 누릴 권리를 가집니다.

· **개성을 실현할 권리, 사생활의 자유:** 학생은 복장, 두발 등 용모에 있어서 자신의 개성을 실현할 권리를 가집니다. 소지품과 사적 기록물, 사적 공간, 사적 관계 등 사생활의 자유와 비밀이 침해되거나 감시받지 않을 권리를 가집니다. 또 학생은 가족, 교우관계, 성

---

2 서울특별시 학생인권조례 참조

적, 병력, 징계 기록, 교육비 미납 사실, 상담기록 등의 개인정보를 보호받을 권리를 가집니다. 학생과 보호자는 학생 본인에 관한 학교 기록 등 개인정보를 열람할 수 있고 그 정정이나 삭제, 개인정보의 처리 정지를 요구할 수 있습니다.

· **양심의 자유, 종교의 자유:** 학생은 세계관, 인생관 또는 가치적, 윤리적 판단 등 양심의 자유와 종교의 자유를 가집니다. 학교의 장과 교직원은 학생에게 양심에 반하는 내용의 반성, 서약 등 진술을 강요해서는 안 되고, 종교적 행위를 강요하거나 특정 종교를 믿지 않는다는 이유로 불이익을 주어서는 안 됩니다.

· **표현의 자유, 집회의 자유:** 학생은 다양한 수단을 통해 자유롭게 자신의 생각을 표현하고 그 의견을 존중받을 권리를 가집니다.

· **자치 및 참여권:** 학생은 동아리나 학생회 및 그 밖에도 학생자치조직의 구성, 소집, 운영, 활동 등 자치적인 활동을 할 권리를 가집니다. 또 학생은 학칙 등 학교 규정의 제·개정에 참여할 권리를 가집니다.

· **복지에 관한 권리:** 학생은 학습 부진, 폭력 피해, 가정 위기, 비행 일탈 등 각종 위기상황 극복과 적성 발

견, 진로 모색 등 정체성 발달을 위해 학교에서 상담 등의 적절한 지원을 받을 권리를 가집니다. 또 학생은 건강하고 쾌적한 환경에서 교육받을 권리, 안전한 먹거리로 급식을 제공받을 권리, 아플 때 적절한 치료를 받고 보건시설을 편하게 이용할 권리를 가집니다.

- **징계 등 절차에서의 권리:** 만약 징계를 받는 경우 징계 사유의 사전 통지, 공정한 심의기구의 구성, 소명 기회의 보장, 대리인 선임권 보장, 재심 요청권 보장 등 인권의 기준에 부합하는 정당한 규정과 적법한 절차에 따라 징계가 이루어져야 합니다.

… 학생 인권은 무조건 보장될까?

하지만 이러한 학생 인권이 무조건 보장되는 것은 아닙니다. 모든 권리에는 책임이 뒤따르듯이 학생의 권리에도 책임이 뒤따릅니다. 자신의 권리를 행사하면서 다른 학생의 권리가 침해받지 않게 존중해야 하고, 선생님들의 활동과 교권을 침해하지 않아야 합니다. 또 학교는 많은 학생과 선생님이 함께 생활하는 곳인 만큼 선생님은 학생을 교육하고 지도할 권한과 책임을 가지고 있습니다. 이를 위해 권리를 침해하지 않는 선에서 학생의 인권을 제한할 수 있으며 학생과 학교의 권리가 충돌할 때는 상호 간 협력하고 존중할 의무가 있습니다. 만일 학생이 이러한 의무를 위반했을 때는 교칙에 따라 벌점, 징계를 받는 등의 책임이 따르게 됩니다.

학생 인권을 침해당했을 때

… 학생인권옹호관

인권을 침해당했거나 침해당할 위험에 처했다면 교육청의 학생인권옹호관에게 구제 신청을 할 수 있습니다. 이 경우, 학생인권옹호관은 인권을 침해받았다고 주장하는 학생의 동의를 얻어 사건에 대해 조사하고, 필요한 경우 교육청과 학교에 자료를 요청할 수 있습니다. 또 학교장, 교직원, 보호자, 학생 등에게 질의를 하거나 현장을 방문해 사건을 조사합니다. 학생인권옹호관은 조사한 내용을 바탕으로 학생에 대한 인권 침해 사실이 있었다고 판단될 경우 ① 가해자나 관계인, 교육감에게 학생 인권 침해 행위의 중지 ② 인권 회복 등 필요한 구제 조치 ③ 인권 침해에 책임이 있는 사람에 대한 주의, 인권 교육, 징계 등 적절한 조치 ④ 동일하거나 유사한 인권 침해의 재발 방지를 위해 필요한 조치를 권고할 수 있습니다. 각 시도 교육청에 전화, 방문, 우편 접수 등을 통해 신청하거나 학생 인권 침해와 관련해 상담과 구제를 원한다면 각 시도 교육청의 홈페이지를 통해 온라인으로 신청할 수 있습니다.

선생님의 두발 단속과 규제[3]

2018년, 한 중학교에서 있었던 일입니다. 체육 선생님인 A 씨는 머리카락이 길면 운동에 방해가 된다며 학생들에게 반삭발로 이발할 것을 강요했습니다. 그리고 이에 불응하는 학생에게는 벌점을 부과하겠다고 했습니다. 인권 침해 구제 신청이 접수되자 학생인권옹호관은 A 씨의 이 같은 반삭발 강요와 벌점 부과 조치는 학생의 개성을 실현할 권리를 보장하는 학생인권조례에 위반되는 것임을 지적하며 A 씨에게 주의 조치 및 인권 교육 이수를 주문했습니다. 학교는 향후 학생들의 입장을 고려하고 인권을 존중하는 방향으로 지도하겠다고 밝혔습니다.

… 국가인권위원회

헌법에서 보장된 인권을 침해당하거나 차별행위를 당

---

3 서울특별시교육청 2018. 3. 발생 '학생이 시민이 될 때' 사례 인용

한 경우, 개인에게 차별행위를 당한 경우 국가인권위원회에 진정해 구제받을 수 있습니다. 진정서를 접수하면 국가인권위원회는 진정 내용에 대해 인권을 침해한 자에게 답변과 관련 자료의 제출을 요구하고, 필요한 경우 현장 조사 등을 통해 사실관계를 확인하고 인권을 침해한 사실이 있었는지 확인합니다. 조사한 결과, 인권이 침해되었다는 사실이 인정되면 피해 학생에 대한 구제 조치와 함께 정책, 관행의 시정 또는 개선을 권고합니다. 국번 없이 1331에 전화하거나 국가인권위원회에 방문, 우편 또는 팩스 접수를 통해 진정을 요청할 수 있으며, 국가인권위원회 홈페이지(https://case.humanrights.go.kr) 혹은 이메일(hoso@humanrights.go.kr)을 통해서도 가능합니다.

수업 중에 불러내 학교폭력 사안을 조사한다면 학습권 침해[4]

2018년, 당시 중학생이었던 피해 학생이 같은 반의 가해 학생에게 맞아 손가락이 부러지는 부상을 당한 일이 있었습니다. 학교폭력 담당 선생님인 B 씨는 피해 학생을 수

---

[4] 국가인권위원회 18진정0368700 학교폭력 사안 조사과정에서의 인권 침해 결정문

업 도중에 불러내 진술서를 쓰게 했습니다. 이에 대해 피해 학생 측은 수업 도중에 불러내 사안을 조사하는 것은 학습권 침해라며 국가인권위원회에 진정서를 제출했습니다. 국가인권위원회는 학교폭력 사안 조사는 가능한 한 수업 시간 이외의 시간을 활용하고, 부득이하게 수업 시간에 해야만 하는 경우 별도의 학습 기회를 제공해야 하는 점, 학교폭력 사안 조사로 피해 학생의 수업 결손이 발생한 점 등을 들어 피해 학생의 학습권을 침해한 것이라 판단했습니다. 그리고 해당 중학교의 교장 선생님에게 이 같은 일이 또다시 발생할 경우에는 학생들의 학습권이 보장될 수 있도록 수업 시간 이외의 시간을 활용할 것을 권고했습니다.

경찰, 검찰, 법원, 변호사는
나를 어떻게 도와줄까?

경찰

경찰은 범죄나 불법행위로부터 국민의 생명과 재산을 지켜 주고 안전한 사회질서를 유지할 수 있도록 예방, 보호, 단속, 지도, 제압, 복구 등의 활동을 하는 행정기관입니다. 경찰의 역할은 크게 위생, 교통 등 공공의 안녕과 질서를 유지하는 역할(행정경찰)과 범죄를 예방, 수사하고 범죄자를 체포하는 역할(사법경찰)로 나눌 수 있습니다. 사건이나 범죄가 발생했을 때 가장 먼저 현장에 출동해 범죄를 제지하고 피해자를 보호하는 등 국민과 가장 밀접한 업무를 수행하는 기관이 바로 경찰입니다.

경찰은 청소년이 생활하는 학교에서도 업무를 수행하고 있습니다. 바로 '학교전담경찰관'입니다. 학교전담경찰관은 112, 117, SNS를 통해 학교폭력 사안을 상담하며 피해 학생을 보호하고 가해 학생을 선도합니다. 그 밖에도 교권 침해, 폭력 서클 단속, 범죄예방 교육 등의 업무를 담당합니다.

검찰

검찰은 사회의 법질서를 유지하고 범죄 피해자와 국민의 인권을 보호하는 행정기관입니다. 검사는 범죄가 발생하면 경찰을 지휘해 범죄자를 수사하거나 직접 범죄를 수사해 실제로 범죄가 일어났는지에 대한 증거를 수집하고 분석합니다. 범죄 사실이 확인되면 법원에 범죄자에 대한 재판을 청구한 후 형사재판이 끝날 때까지 피해자를 대신해 피고인에게 형사처벌을 내려 달라고 요구하는 형사소송을 수행합니다.

법원

법원은 재판을 하는 사법기관입니다. 법원의 구성원인 판사는 재판을 통해 사람들 사이에서 발생한 다툼을 법과 양심에 따라 판단하고 조정하는 역할을 합니다. 민사재판은 개인 간의 사적인 생활에서 발생하는 다툼에 대한 재판을 말합니다. 이때 재판을 요구한 사람을 원고, 상대방을 피고라고 부릅니다. 판사는 원고와 피고의 주장과 대리인인 변호사의 변론을 토대로 제출된 증거를 종합해 판결을 내립니다. 형사재판은 검사가 재판을 청구한 피고인을 대상으로 범죄자가 맞는지, 유죄인지 무죄인지, 유죄라면 어떠한 처벌을 내릴 것인지 등을 판단하는 재판입니다. 민사재판과는 달리 원고와 피고가 아닌, 검사와 피고가 대립하게 됩니다. 판사는 검사가 제출한 증거와 피고인 또는 피고인의 변호인이 변론하고 제출한 증거를 종합해 피고에게 죄가 없다고 판단하면 무죄를, 유죄라고 판단하면 적정한 수준의 형벌을 선고합니다.

변호사

변호사는 법률 지식을 가진 법률전문가입니다. 소송 준비부터 재판 진행 과정에서 의뢰인이 원활하게 소송을 진행할 수 있도록 법률적인 조언을 해 주고, 재판의 전 과정에 관여해 의뢰인이 최선의 결과를 얻을 수 있도록 돕습니다. 민사소송의 경우 변호사는 대리인으로서 의뢰인이 주장하는 내용을 법원에 문서로 제출하고 법정에서 의뢰인을 대신해 변론합니다. 형사사건의 경우 피해자를 변호하는 변호사는 고소장을 대신 작성하고 피해자가 얼마만큼의 피해를 입었는지를 경찰, 검찰, 법원에 알리며 피해자가 경찰, 검찰에 출석해 진술하거나 법정에서 증언해야 하는 경우 함께 동석해 진술을 돕습니다. 또한 국가에서는 성폭력이나 아동학대 사건의 경우에 피해자가 원한다면 경찰과 검찰의 수사 단계에서부터 국선변호사를 지원해 피해자를 돕고 있습니다. 범죄자를 변호하는 변호사는 수사단계에서 인권 침해 등의 불이익이 발생하지 않도록 하고, 재판에서 무죄를 다투거나 적절한 처벌을 받을 수 있도록 변호하며, 피해자와 합의를 하는 데 중재하기도 합니다. 형사재판에서 피고인이 변호인의 조력을 받을 수 있도록 법원에서 변호인을 선정해 주기도 하는데 이를 '국선변호인'이라고 합니다. 이는 헌법 제12조 제4항에 따라 누구든지 변호인의 조력을 받을 권리를 보장하기 위한 것으로 형사재판을 받을 피고인이 미성년자일 때, 70세 이상인 때, 구속된 때, 빈곤 등의 사유로 변호인을 선임할 수 없는 때 등 형사소송법에서 정한 일정한 요건을 갖추면 국선변호인의 도움을 받을 수 있습니다.

〈 형사사건 처리 절차 〉

가해자가 아동·청소년일 경우
– 소년보호사건

일반적으로 범죄를 저지를 경우 경찰과 검찰의 수사를 거쳐 형사재판을 통해 형사처벌을 받습니다. 그런데 만 10세 이상~만 19세 미만의 미성년자가 범죄를 저질렀을 경우에는 일반 형사사건과 달리 '소년보호사건'으로 진행됩니다. 아직 자신의 행위를 판단할 수 있는 능력과 처벌 이후의 상황을 책임질 능력이 부족한 미성년자에게 성인과 동일하게 낙인을 찍는다면 올바른 사회 구성원으로 성장하는 데 제약이 생길 수 있기 때문이죠. 따라서 미성년자가 범죄를 저질렀다고 하더라도 범죄를 저지른 원인이 가해 청소년의 성품과 행동 때문인지, 혹시 주변 환경에 문제가 있었던 것은 아닌지 등을 고민하고 보호처분을 통해 그 원인을 해결해 해당 청소년이 건전하게 성장할 수 있도록 합니다.

소년보호사건의 대상이 되는 미성년자는 다음과 같습니다.

소년법

제4조(보호의 대상과 송치 및 통고)

① 다음 각 호의 어느 하나에 해당하는 소년은 소년부의 보호사건으로 심리한다.

1. 죄를 범한 소년[5] - **범죄소년**

2. 형벌 법령에 저촉되는 행위를 저지른 만 10세 이상~만 14세 미만인 소년 - **촉법소년**

3. 다음 각 목에 해당하는 사유가 있고 그의 성격이나 환경에 비추어 앞으로 형벌 법령에 저촉되는 행위를 할 우려가 있는 만 10세 이상인 소년 - **우범소년**

   가. 집단적으로 몰려다니며 주위 사람들에게 불안감을 조성하는 성벽(性癖)이 있는 것

   나. 정당한 이유 없이 가출하는 것

   다. 술을 마시고 소란을 피우거나 유해환경에 접하는 성벽이 있는 것

그렇다고 미성년자이기만 하면 형사처벌을 받지 않고 모두 다 소년보호사건으로 진행하는 것은 아닙니다. 만 14

---

5 만 14세 이상~만 19세 미만 미성년자

세 이상~만 19세 미만의 미성년자는 범죄의 형태, 가해의 정도, 죄질에 따라 '소년보호사건'으로 진행되기도 하고, 죄질이 흉악하거나 피해가 크다고 판단할 경우에는 일반 성인과 같이 경찰이나 검찰로 넘어가 형사처벌을 받는 '소년형사사건'으로 진행될 수도 있습니다. 예를 들어 인천 중학생 추락사사건(104쪽 참고), 또래 여학생을 협박해 성 착취물을 제작하고 퍼뜨린 여중생(150쪽 참고)처럼 죄질이 흉악하고 피해가 큰 사건은 소년보호사건만으로는 다룰 수 없기 때문에 소년형사사건으로 징역형의 형사처벌을 받습니다.

만 10세 미만	만 10세 이상~ 만 14세 미만	만 14세 이상
보호처분 불가	보호처분 가능	
형사처벌 불가		형사처벌 가능

소년보호사건의 절차

⋯ 경찰 수사

미성년자인 가해자가 고소를 당하거나, 이 같은 범죄가 발생한 사실을 알게 된 경우에 경찰은 사건을 수사하게 됩니다. 수사를 마치고 범죄자가 만 10세 이상~만 14세 미만의 촉법소년이면 곧바로 소년법원으로 보내게 되는데 이를 '송치'라 부릅니다. 단, 범죄자가 만 14세 이상일 경우에는 검찰로 송치합니다.

… 검찰 수사 및 결정

만 14세 이상의 범죄소년을 송치받은 검사는 추가로 수사한 후 범죄소년의 평소 품행이나 생활환경 등을 고려해 '소년보호사건'으로 소년법원에 보낼지, '소년형사사건'으로 형사재판 처분을 내릴지, 기소유예를 할지 판단합니다. 보호처분에 해당하는 사유가 있다고 판단할 경우, 사건을 소년법원에 송치하고(소년법 제49조) 범행 동기와 죄질이 형사처벌을 받아야 하는 수준이라고 판단하면 형사재판으로 보내게 되는데 이를 '기소'라고 합니다. 검사는 소년법원으로 송치하거나 형사재판으로 기소하는 대신 '기소유예(죄를 범한 사람을 기소하지 않는 검사의 처분)'를 할 수도 있습니다. 이때 소년의 선도를 위해 상담이나 교육을 받게 하거나 봉사활동 등을 하게 하는 조건으로 '선도 조건부 기소유예'를 하기도 합니다(소년법 제49조의 3).

⋯ 소년법원

경찰, 검찰에게 사건을 송치받은 소년부 판사는 적절한 보호처분을 내리기 위해 소년의 평소 품행은 어떠한지, 주변 환경은 어떠한지, 범죄를 저지르게 된 원인은 무엇인지 등을 조사관에게 조사하도록 합니다. 소년부 판사는 조사 및 판단을 할 때, 범죄를 저지른 소년이 다시 범죄를 저지를 가능성이 있다거나 기타 긴급조치가 필요하다고 판단하면 동행영장을 발부해 강제로 소년분류심사원[6]이라는 시설에 보냅니다.

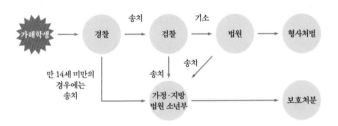

〈 소년보호사건 처리 절차 흐름도 〉

---

6 소년분류심사원은 소년을 가족들과 일상생활에서 분리해 일정기간(약 1개월)동안 시설에서 생활하게 하면서 심사, 교육하는 기관입니다. 소년분류심사원에 머무르는 동안에는 학교는 물론 집에도 갈 수 없습니다. 소년법상 수용 기간은 1개월을 초과하지 못하나, 계속 조치할 필요가 있다고 판단될 경우에는 1회에 한하여 최대 1개월을 연장할 수 있습니다.

또 사건을 조사 또는 심리하는 데 필요하다고 판단하면 임시조치로 소년분류심사원에 위탁해 해당 소년을 가정과 학교에서 분리한 후 조사를 받게 할 수 있습니다. 이후 소년부 판사는 조사 결과와 범행의 내용 등을 종합적으로 고려해 적당한 보호처분을 내리게 됩니다.

소년보호처분의 종류

소년부 판사는 미성년자인 소년에게 보호처분을 내리게 되는데 보호처분은 형사처벌과 달리 전과가 남지 않고 해당 소년의 장래 신상에 어떠한 영향도 주지 않습니다(소년법 제32조).

- **보호자 또는 보호자를 대신해 소년을 보호할 수 있는 자에게 감호 위탁(1호)**: 미성년자의 보호자 또는 보호자를 대신해 해당 소년을 보호할 수 있는 사람에게 보살피고 보호하도록 위탁하는 처분입니다. 판사는 보호자에게 어떻게 보호하고 지도했는지 의견서를 제출하도록 할 수 있고, 보호자가 어떤 지도를 해야 하는지 지시할 수도 있습니다.
- **수강명령(2호)**: 수강명령은 소년이 범죄에 대한 잘못

된 인식을 바로잡고 바른 가치관을 형성하며 재범을 하지 않도록 하기 위해 일정 시간 동안 교육을 받게 하는 처분입니다.

· **사회봉사명령(3호)**: 일정 시간 동안 공익을 위해 봉사 활동을 하도록 명하는 것으로, 다른 사람들을 도움으로써 반성의 기회를 갖게 하기 위한 처분입니다.

· **보호관찰관의 단기 보호관찰(4호)**: 보호관찰은 소년이 가정과 학교에서 일상생활을 하면서 1년 동안 보호관찰관의 지도, 감독을 받도록 하는 것으로, 소년이 사회규범을 준수하고 범죄를 다시 저지르지 않도록 하기 위한 처분입니다. 보호관찰 기간 동안 소년은 보호관찰관의 지도에 따라야 합니다. 이에 따라 특별준수사항이 내려질 수도 있는데 야간 외출 금지, 피해자에게 접근 금지 등이 대표적인 예입니다.

· **보호관찰관의 장기 보호관찰(5호)**: 장기 보호관찰은 4호 단기 보호관찰과 내용은 같으나 단기 보호관찰은 1년인 반면, 장기 보호관찰의 기간은 2년이며, 필요한 경우 1년을 연장할 수 있다는 점에서 차이가 있습니다.

· **아동복지법에 따른 아동복지시설이나 그 밖의 소년보호시설에 감호 위탁(6호)**: 소년을 일정 기간 사회에서 분리해

소년을 보호할 수 있는 시설에서 생활하게 하는 처분입니다. 보호자에게 보호받을 수 없거나 보호자가 있더라도 다시 가족에게 보냈을 때 범죄의 재발이 예상되는 경우, 범행 정도는 높지만 복지시설 등에서 건전한 가치관과 생활 태도를 기른다면 선도 가능성이 있는 경우 이 처분이 내려집니다.

- **병원, 요양소 또는 소년의료보호시설에 위탁(7호):** 소년에게 반사회적 인격장애 등 정신질환이 있거나 약물남용과 같이 의료적인 치료와 요양이 필요한 경우 병원, 의료보호시설에서 치료를 받도록 하는 처분입니다.

- **1개월 이내의 소년원 송치(8호):** 소년원은 소년을 가족, 학교 등 사회에서 분리해 교육하는 기관입니다. 소년원 송치는 사회에서 분리되어 엄격한 규율 아래 단체 생활을 한다는 점에서 보호처분 중 가장 엄중한 처분이라고 할 수 있습니다. 이때, 8호 처분은 1개월 이내의 짧은 기간 동안 소년원에서 생활하면서 비행유형별 전문교육, 준법교육, 인성교육, 집단상담교육 등을 받게 하는 처분입니다.

- **단기 소년원 송치(9호):** 6개월 이내의 기간 동안 소년

원에서 생활해야 하는 처분을 말하며 앞선 8호보다 기간이 길고 준법교육, 인성교육뿐만 아니라 직업훈련, 교과교육, 정신교육 등의 교육을 받게 됩니다.

- **장기 소년원 송치(10호):** 9호 처분과 내용은 동일하나 2년 이내의 기간 동안 소년원에서 생활해야 하는 것으로 8, 9호보다 기간이 길다는 차이가 있습니다.

고 소 장

(고소장 기재사항 중 * 표시된 항목은 반드시 기재해야 합니다.)

1. 고소인*

성 명 (상호·대표자)	홍길동		주민등록번호 (법인등록번호)	20050808 – *******
주 소 (주사무소 소재지)	○○시 ○○구 ○○동 ○○○ (현 거주지)			
직 업	학생	사무실 주소		
전 화	(휴대폰) 010-1234-5678 (자택) (사무실)			
이메일	hong@hanmail.net			
대리인에 의한 고소	□ 법정대리인 (성명 : , 연락처) □ 고소대리인 (성명 : 변호사 , 연락처)			

※ 고소인이 법인 또는 단체인 경우에는 상호 또는 단체명, 대표자, 법인등
록번호(또는 사업자등록번호), 주된 사무소의 소재지, 전화 등 연락처
를 기재해야 하며, 법인의 경우에는 법인등기부 등본이 첨부되어야 합
니다.

※ 미성년자의 친권자 등 법정대리인이 고소하는 경우 및 변호사에 의한
고소대리의 경우 법정대리인 관계, 변호사 선임을 증명할 수 있는 서류
를 첨부하시기 바랍니다.

2. 피고소인*

성 명	김가해	주민등록번호	
주 소	○○시 ○○구 ○○동 ○○○ (현 거주지)		
직 업	학생	사무실 주소	○○시 ○○구 ○○동 ○○중학교 3학년 1반
전 화	(휴대폰) 010-1234-5678 (자택) (사무실)		
이메일			
기타사항	고소인과 같은 학교에 다니는 학생입니다.		

※ 기타사항에는 고소인과의 관계 및 피고소인의 인적사항과 연락처를 정확히 알 수 없을 경우 피고소인의 성별, 특징적 외모, 인상착의 등을 구체적으로 기재하시기 바랍니다.

3. 고소취지*
(죄명 및 피고소인에 대한 처벌의사 기재)

고소인은 피고소인을 공갈, 폭행, 모욕죄로 고소하오니 처벌해 주시기 바랍니다.

4. 범죄사실*

가. 공갈
피고소인 김가해는 2020년 6월 10일 13:00경 ○○중학교 3층 탈의실에서 급식을 먹고 나오는 고소인을 부른 뒤, 고소인에게 "나 학교 끝나고 PC방 갈 건데 너 지금 가진 돈 얼마 있냐, 돈을 주지 않으면 학교생활 피곤하게 만들어 버린다"라고 말해 겁을 주었고 고소인의 주머니에 있던 10,000원과 5,000원짜리 문화상품권 1장을 가져갔습니다.

나. 폭행

피고소인 김가해는 2020년 6월 12일 10:00경 OO중학교 3학년 1반 교실 앞 복도에서 고소인이 지나가자 '재수 없는 놈'이라며 갑자기 자신의 오른 주먹으로 고소인의 왼쪽 팔을 1회 세게 때려 멍이 들었고, 고소인이 아파서 팔을 붙잡고 있자 고소인의 뒤통수를 손바닥으로 2회 세게 때렸습니다.

다. 모욕

피고소인 김가해는 2020년 6월 15일 23:00경 자신의 페이스북 계정에 고소인의 얼굴 사진을 게시하고 "홍길동 애는 생긴 것도 찐따, 성격도 찐따래요~. 니 애미 애비가 불쌍하다", "홍길동이 찐따라는 거 공감하면 좋아요 누르셈"이라는 글을 게시하는 등 고소인을 모욕했습니다.

※ 범죄사실은 형법 등 처벌법규에 해당하는 사실에 대해 일시, 장소, 범행 방법, 결과 등을 구체적으로 특정해 기재해야 하며, 고소인이 알고 있는 지식과 경험, 증거에 의해 사실로 인정되는 내용을 기재해야 합니다.

5. 고소 이유

3학년이 되어 피고소인 김가해와 같은 반이 되었는데 4월 초에 친구들과 같이 축구를 하다가 저와 김가해가 말다툼을 한 적이 있습니다. 그 뒤로 김가해는 저를 마주치면 째려보고 '병신', '찐따'라고 부르고 어깨빵을 하기도 했습니다.

6월 10일에는 13:00경 제가 급식실에서 급식을 먹고 지나가는데 피고소인 김가해가 저를 부르더니 잠깐 따라오라고 했습니다. 가기 싫었지만 따라가지 않으면 또 욕하고 뭐라고 할까 봐 탈의실로 들어갔습니다. 김가해는 자기가 학교 끝나고 PC방에 가야 하는데 돈이 없다며 얼마 가지고 있냐고 말했습니다. 제가 돈이 없다고 하자 '돈을 주지 않으면 학교생활 피곤하게 만들어 버린다'라며 겁을 주었습니다. 저는 돈을 주지 않으면 지금보다 더 괴롭힐 것 같아서 주머니에 있던 10,000원과 5,000원짜리 문화상품권 1장을 꺼냈고 김가해는 곧바로 돈을 빼앗아 나가 버렸습니다.

6월 12일에는 10:00경 쉬는 시간에 화장실에서 나와 교실로 들어가려고 하는데 김가해와 마주쳤습니다. 김가해는 저를 보더니 '재수 없는 놈'이라고 말하고 갑자기 아무 이유 없이 제 왼쪽 팔을 자신의 오른 주먹으로 세게 한 대 내리쳤습니다. 제가 너무 아파서 팔을 붙잡고 아파하고 있는데 김가해는 또다시 제 뒤통수를 손바닥으로 두 대 세게 때리더니 재미있다는 듯 깔깔대고 웃으며 지나갔습니다. 그 때 복도에 있던 같은 반 친구 이영수, 정영희가 이 장면을 보았고, 이영수는 맞은 저에게 괜찮냐고 물어보았습니다. 같은 반 친구들과 다른 반 친구들까지 복도에 있는데 친구들 앞에서 맞게 되어 무척 창피했습니다.

6월 15일 제가 자기 전에 페이스북에 들어갔는데 김가해가 23:00경 자기 페이스북 계정에 전체공개로 제 카카오톡 프로필 사진을 올려놓고 "홍길동 얘는 생긴 것도 찐따, 성격도 찐따래요~. 니 애미 애비가 불쌍하다", "홍길동이 찐따라는 거 공감하면 좋아요 누르셈"이라는 글을 게시해 놓은 것을 보게 되었습니다. 김가해 친구들 20명 정도가 좋아요를 누르고 댓글에도 "ㅋㅋㅋㅋ누구야", "웃기게 생겼다"라는 댓글들이 달려서 저는 너무 창피하고 속상했습니다. 게시 글은 캡처해 두었고 다음날 아침까지 사진과 글이 올라와 있다가 김가해가 삭제를 했는지 현재는 없는 상태입니다.

계속해서 김가해가 저를 괴롭힐까 봐 두렵고 더 이상 당하지 않기 위해 고소를 했습니다. 김가해가 자신의 잘못을 깨닫고 꼭 처벌을 받았으면 좋겠습니다.

※ 고소이유에는 피고소인의 범행 경위 및 정황, 고소를 하게 된 동기와 사유 등 범죄사실을 뒷받침하는 내용을 간략, 명료하게 기재해야 합니다.

6. 증거자료

(☐ 해당란에 체크해 주시기 바랍니다)

☐ 고소인은 고소인의 진술 외에 제출할 증거가 없습니다.
☑ 고소인은 고소인의 진술 외에 제출할 증거가 있습니다.
☞ 제출할 증거의 세부내역은 별지를 작성해 첨부합니다.

7. 관련사건의 수사 및 재판 여부*

(☐ 해당란에 체크해 주시기 바랍니다)

① 중복 고소 여부	본 고소장과 같은 내용의 고소장을 다른 검찰청 또는 경찰서에 제출하거나 제출했던 사실이 있습니다☐ / 없습니다☑
② 관련 형사사건 수사 유무	본 고소장에 기재된 범죄사실과 관련된 사건 또는 공범에 대해 검찰청이나 경찰서에서 수사 중에 있습니다☐ / 수사 중에 있지 않습니다☑
③ 관련 민사소송 유무	본 고소장에 기재된 범죄사실과 관련된 사건에 대해. 법원에서 민사소송 중에 있습니다☐ / 민사소송 중에 있지 않습니다☑

※ ① , ② 항은 반드시 표시해야 하며, 만일 본 고소내용과 동일한 사건 또는 관련 형사사건이 수사·재판 중이라면 어느 검찰청, 경찰서에서 수사 중인지, 어느 법원에서 재판 중인지 아는 범위에서 기타사항난에 기재해야 합니다.

8. 기타

(고소내용에 대한 진실확약)

본 고소장에 기재한 내용은 고소인이 알고 있는 지식과 경험을 바탕으로 모두 사실대로 작성했으며, 만일 허위사실을 고소했을 때는 형법 제156조 무고죄로 처벌받을 것임을 서약합니다.

2020년 6 월 20 일*

고소인   홍 길 동   (인)*

제출인   (인)

※ 고소장 제출일을 기재해야 하며, 고소인 난에는 고소인이 직접 자필로 서명 날인해야 합니다. 또한 법정대리인이나 변호사에 의한 고소대리의 경우에는 제출인을 기재해야 합니다.

○○경찰서 귀중

별지 : 증거자료 세부 목록

(범죄사실 입증을 위해 제출하려는 증거에 대해 아래 각 증거별로 해당란
을 구체적으로 작성해 주시기 바랍니다.)

1. 인적증거 (목격자, 기타 참고인 등)

성 명	이 영 수	주민등록번호	-	
주 소	자택 : 직장 : ○○중학교 3학년 1반		직업	학생
전 화	(휴대폰) 010-1111-2222 (자택) (사무실)			
입증하려는 내용	2020년 6월 12일 피고소인 김가해가 고소인을 폭행하는 장면을 목격했음.			

성 명	정 영 희	주민등록번호	-	
주 소	자택 : 직장 : ○○중학교 3학년 1반		직업	학생
전 화	(휴대폰) 010-3333-4444 (자택) (사무실)			
입증하려는 내용	2020년 6월 12일 피고소인 김가해가 고소인을 폭행하는 장면을 목격했음.			

※ 참고인의 인적사항과 연락처를 정확히 알 수 없으면 참고인을 특정할
　수 있도록 성별, 외모 등을 '입증하려는 내용'란에 아는 대로 기재하시
　기 바랍니다.

2. 증거서류 (진술서, 차용증, 각서, 금융거래내역서, 진단서 등)

순번	증거	작성자	제출 유무
1	왼쪽 팔 멍든 사진		☑접수 시 제출 ☐수사 중 제출
2	페이스북 캡처화면		☑접수 시 제출 ☐수사 중 제출
3			☐접수 시 제출 ☐수사 중 제출
4			☐접수 시 제출 ☐수사 중 제출
5			☐접수 시 제출 ☐수사 중 제출

※ 증거란에 각 증거서류를 개별적으로 기재하고, 제출 유무란에는 고소장 접수 시에 제출하는지 또는 수사 중에 제출할 예정인지 표시하시기 바랍니다.

3. 증거물

순번	증거	작성자	제출 유무
1			☐접수 시 제출 ☐수사 중 제출
2			☐접수 시 제출 ☐수사 중 제출
3			☐접수 시 제출 ☐수사 중 제출
4			☐접수 시 제출 ☐수사 중 제출
5			☐접수 시 제출 ☐수사 중 제출

※ 증거란에 각 증거물을 개별적으로 기재하고, 소유자란에는 고소장 제출 시에 누가 소유하고 있는지, 제출 유무란에는 고소장 접수 시에 제출하는지 또는 수사 중에 제출할 예정인지 표시하시기 바랍니다.

4. 기타 증거

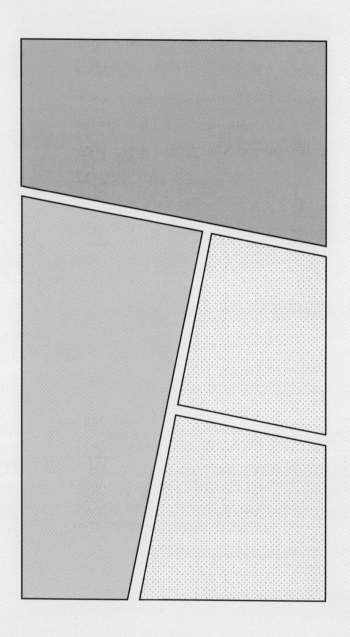

2장

학교폭력

학교에서의 하루

민수네 교실에서는 하루에도 많은 일이 일어납니다. 수업을 듣고 친구들과 급식을 먹고, 쉬는 시간에는 이런저런 이야기도 나눕니다. 민수의 짝꿍 미영이는 어쩐지 며칠 전부터 기분이 안 좋아 보입니다. 급식 시간에 밥을 먹지 않고 혼자 책상에 엎드려 있는 날이 많아졌습니다. 민수는 미영이가 항상 어울리던 4명의 친구와 떨어져 갑자기 혼자가 된 것 같아 걱정됩니다.

민수네 반에는 덩치 크고 힘이 센 진우라는 친구가 있습니다. 어느 날 민수에게 생일 선물을 달라고 하길래 장난인 줄로만 알았는데, 진우가 선물을 주지 않은 다른 친구를 때리는 모습을 보고 겁을 먹은 민수는 진우에게 선물을 주고 말았습니다. 그런데 진우는 민수가 준 선물이 마음에 들지 않는다며 돈으로 달라고 합니다. 용돈으로는 아무래도 부족할 것 같아 민수는 엄마에게 학용품을 사야 한다고 거짓말하려고 합니다. 그 이후로 집에 오는 길에 문구점 앞에서 진우를 만나면 맞을까 봐 어쩔 수 없이 아이스크림을 사 주는 일도 생겼습니다. 선생님이 진우를 혼내 줬으면 좋겠다는 마음은 굴뚝같지만, 선생님께 말씀드리면 고자질쟁이가 되는 것 같아서 고민입니다.

민수는 집에 돌아와 곰곰이 생각해 봅니다. 진우가 하는 행동도 학교폭력일까? 갑자기 혼자 다니는 미영이에게는 무슨 일이 생긴 거지? 진우가 또 돈을 요구하면? 민수는 어떻게 해야 할지 몰라 답답하기만 합니다.

나의 학교생활을 괴롭히는 학교폭력

학교폭력이란?

학교를 다니며 즐거운 일을 많이 경험하지만 늘 그렇지는 않습니다. 친구가 나를 서운하게 하거나 친구와 말다툼을 할 때도 있습니다. 우리는 이걸 '갈등'이라고 합니다. 집에서 동생과 싸우거나 반찬 투정으로 엄마가 꾸짖는 것도 일종의 갈등입니다. 가족 간에도 갈등이 생기는데 친구 사이에 크고 작은 갈등이 생기는 건 어쩌면 당연한 일입니다. 그런데 갈등을 넘어서 어느 한쪽에게 상처를 줄 때가 있습니다. 때로는 힘을 이용해 상대방 친구를 아프게 하기도 하지요. 이것을 우리는 '폭력'이라고 합니다. 그리고 학교에서, 혹은 학교 밖에서 학생을 상대로 폭력을 휘두르는 것을 '학교폭력' 이라고 합니다.

학교폭력으로 힘들어하는 학생들이 참 많습니다. 앞의 글에서 미영이는 따돌림의 피해 학생, 민수는 목격 학생이자 피해 학생, 진우는 가해 학생입니다. 이처럼 누구나 학교폭력의 당사자가 될 수 있습니다. 하지만 학교폭력은 혼자서 해결하기가 어렵습니다. 그래서 '학교폭력예방 및 대책에 관한 법률(줄여서 학교폭력예방법)'이라는 법이 우리를 지켜주고 있습니다. 학교폭력예방법에서는 학교폭력을 무엇이라고 정의하는지 알아볼까요?

학교폭력예방법

제2조(정의)

학교폭력이란 학교 내외에서 학생을 대상으로 발생한 상해, 폭행, 감금, 협박, 약취·유인, 명예훼손·모욕, 공갈, 강요·강제적인 심부름 및 성폭력, 따돌림, 사이버따돌림, 정보통신망을 이용한 음란·폭력 정보 등에 의하여 신체·정신 또는 재산상의 피해를 수반하는 행위를 말한다.

장난도 학교폭력일까?

뉴스에서나 들은 무서운 말들이 적혀 있어서 크게 다쳐야만 학교폭력에 해당할 것 같지만 사실은 그렇지 않습니다. 상대방이 장난으로 뒤통수를 치거나 꼬집기, 별명 부르기를 했다고 해도 내가 괴로우면 학교폭력입니다. 교육부에서도 사소한 괴롭힘, 학생들이 장난이라고 여기는 행위라도 학교폭력이 될 수 있다고 밝혔습니다. 아무리 흉폭한 학교폭력이라도 가해자들은 장난으로 한 것이라고 말합니다. 하지만 학교폭력은 어디까지나 피해 학생의 입장에서 판단해야 합니다. 당하는 친구의 입장에서 괴롭힘이라고 느끼면 그것은 학교폭력입니다.

신체적 폭력의 유형

- **상해, 폭행**: 폭행은 힘을 써서 신체를 고통스럽게 하고 불편하게 만드는 행동입니다. 손바닥이나 주먹으로 때리거나 연필로 찌르기, 물건을 집어 던지는 행위도 폭행에 해당합니다. 상해는 신체에 상처나 해를 입히는 행동입니다. 폭행을 당해서 몸에 멍이 들었거나 이가 빠졌거나 넘어져 피가 났다면 상해라고 할 수 있습니다. 누군가가 장난이라며 여러분을 꼬집고 때리고 힘껏 밀쳐서 폭력으로 느꼈다면 이건 폭행에 해당합니다.
- **협박**: 겁을 주게 하려고 괴롭힐 것처럼 말하는 것입니다. '가만두지 않겠다', '때리겠다', '죽여 버리겠다', '학교 못 다니게 해 주겠다' 등의 말을 해서 겁을 준다면 협박입니다.

- **감금, 약취, 유인**: 감금은 일정한 장소에서 쉽게 나오지 못하도록 하는 행위입니다. 예를 들어 화장실, 탈의실에서 못 나오게 문을 잠갔다면 감금에 해당합니다. 약취란 강제로 일정한 장소로 데려가는 것을 의미합니다. 돈을 빼앗으려고 겁을 주며 공원이나 주차장, 화장실로 따라오라고 한다면 약취라고 할 수 있습니다. 또 일정한 장소로 속여서 데리고 가는 경우도 있습니다. 가령 그동안 괴롭힌 것을 사과하겠다며 따라오라고 했는데 알고 보니 나를 골탕 먹이려고 무서운 선배들이 기다리는 곳에 데려간 것이었다면 이것은 유인에 해당됩니다.

금품 갈취의 유형

- **공갈, 강제적인 심부름**: 겁을 주고 협박해서 물건이나 돈을 빼앗는 행동입니다. 돈을 내놓으라고 한다거나 돌려줄 생각이 없으면서 빌린다는 거짓말로 돈을 달라는 행위, 빵이나 음료수를 사 달라고 하는 행위, 옷이나 학용품을 빌려 달라며 가져가 놓고 되돌려 주지 않는 것도 공갈입니다. 또 내 물건을 못 쓰게 망가뜨리는 행위, 내 물건에 낙서하고 침 뱉는 것

도 마찬가지로 공갈에 해당됩니다.

- **강요**: 때리거나 겁을 주는 방법으로 내가 하지 않아도 될 일을 하도록 시키는 행동입니다. 숙제를 대신 해 달라고 하거나, 게임을 대신해 달라고 하는 것, 강제로 사과를 시키고 무릎을 꿇게 만드는 것들이 대표적인 강요에 해당합니다.

전학을 가게 된 성호

중학교 1학년인 태우와 성호는 둘 다 축구를 좋아한다는 공통점이 있고 친구들에게 인기도 많아 학기 초부터 빠르게 친해졌습니다. 그런데 체육대회 이후로 성호는 친구들 앞에서 태우를 무시하기 시작했습니다. 태우가 체육대회 때 축구 경기를 잘해서 주목을 받았는데 성호는 태우가 친구들에게 주목받는 게 싫었던 겁니다. 태우는 '그래도 친한 친구니까 참아야지' 하고 넘어갔지만 성호의 태도는 점점 심하게 변해 갔습니다. 성호가 기능성 운동복을 빌려 달라고 해서 빌려줬지만 태우가 돌려 달라고 해도 '더 입고 주겠다', '잃어버렸다'는 핑계로 돌려주지 않거나 태우의 배를 발로 차는 등의 일도 있었습니다. 여름 방학이 되어 태우는 당분간 성호를 안 볼 수 있어 다행이라 생각했지만 오히려 성호는 더 노골적으로 괴롭혔습니다. 매일같이 연락을 해서 여름방학 숙제를 대신 해 달라고 하거나, 성호가 거절할 때면 '죽여 버리겠다'며 겁을 주고 태우의 집 앞 사진을 찍어 보내며 '집까지 찾아왔으니 가만두지 않겠다'며 협박까지 하곤 했습니다. 심지어 성호는 '개학식 날 보기만 해 봐. 학교생활 끝장나게 해 줄 테니까'라며 개학 이후에도 괴롭힐 것이라 협박했습니다. 그제야 태우는 부모님께 자초지종을 털어놓았고 태우 부모님은 성호를 학교폭력으로 신고했습니다. 학교폭력대책심의위원회에서는 성호가 태우에게 폭행, 금품 갈취, 협박, 강요를 했다고 판단해서 강제 전학 처분을 내렸습니다. 결국 성호는 전학을 가야만 했습니다.

학생들이 가장 두려워하는 학교폭력
- 언어폭력, 따돌림

언어폭력과 따돌림이란?

학교폭력은 신체 폭행, 금품 갈취 등 명확히 드러나는 행위만 의미하는 것은 아닙니다. 신체 폭행, 금품 갈취와 같은 폭력을 '물리적 폭력'이라 한다면 언어폭력, 따돌림과 같은 폭력을 '비 물리적 폭력'이라 부릅니다. 그런데 교육부에서 실시한 학교폭력 실태조사의 결과[7]를 보면 실제로 학생들 사이에서 일어나는 학교폭력 중 언어폭력이 전체의 35.6%, 따돌림이 23.2%를 기록했으며 전체 순위에서 1, 2위를 차지할 정도로 비 물리적 폭력이 가장 많이 일어나고 있습니다.

언어폭력은 말로 상대방을 괴롭게 하고 상처를 주는

---

[7] 2019년 교육부 학교폭력 실태조사 결과. 교육부는 해마다 두 차례 전국 초등학교 4학년~고등학교 3학년 학생들을 대상으로 학교폭력 실태조사를 하고 있습니다.

것을 의미합니다. 욕설과 조롱은 물론 내가 듣기 싫은 별명, 듣기 싫은 말을 하는 것도 언어폭력입니다. 이뿐만 아니라 거짓 사실이 아닌, 사실일지라도 나의 평판이나 명예를 훼손할 수 있는 내용을 퍼트리고 소문을 내는 것, 생김새를 놀리거나 상대방을 비하하는 말을 하는 것 등도 언어폭력에 해당합니다.

따돌림은 여럿이 어느 한 명을 의도적이고 반복적으로 피하는 행위를 말합니다. 특정 학생에 대해 빈정대기, 비웃기, 골탕 먹이기, 기 죽이기, 이간질하기, 지나가면 째려보거나 위화감 주기 등의 형태로 적극적으로 따돌리는가 하면 투명인간 취급하기, 자신들뿐만 아니라 다른 학생들과 어울리지 못하도록 방해하는 형태로 따돌리기도 합니다. 학교폭력예방법에서는 따돌림에 대해 이렇게 규정하고 있습니다.

학교폭력예방법

제2조(정의)

따돌림이란 학교 내외에서 2명 이상의 학생들이 특정인이나 특정집단의 학생들을 대상으로 지속적이거나 반복적으로 신체적 또는 심리적 공격을 가하여 상대방이 고통을 느끼도록 하는 일체의 행위를 말한다.

언어폭력과 따돌림은 신체 폭행보다 덜 나쁠까?

신체 폭행은 명확하게 몸에 상처가 남지만 언어폭력, 따돌림은 명확하게 보이지 않기 때문에 덜 나쁘다고 생각하는 친구들이 있습니다. 피해 학생들조차도 어른들이 언어폭력, 따돌림을 사소한 문제라고 생각할까 봐 신고하기를 망설입니다. 그러나 결코 사소한 폭행이란 없습니다. 오히려 때로는 신체 폭행보다도 언어폭력, 따돌림으로 더 심각한 고통을 겪고 극단적인 선택을 하는 경우도 많습니다. 실제로 학생들이 학교생활에서 가장 두려워하는 것으로 '따돌림'을 꼽는 학생들이 많았습니다. 어제까지만 해도 친하게 지냈던 친구들이 하루아침에 나를 멀리하거나 괴롭힌다면 누구나 견디기 힘듭니다. 또 따돌림당하는 모습을 다른 친구들에게 보이는 것이 창피하고 수치스럽기도 합니다. 혹시 언어폭력, 따돌림을 당하고 있나요? 지금 힘든 것은 스스로가 나약하기 때문이 아닙니다. 언어폭력, 따돌림은 누구라도 견디기 힘든 폭력입니다. 또 자신이 잘못해서 따돌림을 당하는 것도 절대 아니라는 사실을 알았으면 합니다. '나'라서가 아니라, 누구나 따돌림의 피해자가 될 수 있습니다.

유나는 반에서 민희, 서영, 주연, 영서, 수민과 친하게 지냈습니다. 수행평가도 같이 하고 급식도 매번 같이 먹는 사이였습니다. 그런데 유나는 조금씩 이상함을 느꼈습니다. 처음에는 민희가 유나에게만 연락하지 않고 5명만 영화를 보러 간 것에서 시작했습니다. 그때만 하더라도 유나는 민희가 자신에게 연락하는 것을 깜빡했다고만 생각했습니다. 그런데 그다음 날, 서영, 주연, 영서, 수민도 유나를 멀리하는 것이었습니다. 유나를 뺀 5명의 친구들은 수행평가를 할 때도 더 이상 유나를 끼워 주지 않았고 심지어 앞으로 급식도 따로 먹자고 했습니다.

유나는 하루아침에 친했던 친구들이 자신을 멀리하는 것이 속상했지만 다른 친구들과 지내보려고 노력했습니다. 그런데 유나가 다른 친구들과 급식을 먹으면 갑자기 그 5명이 옆자리에 앉아서 유나만 빼고 다른 친구에게만 말을 걸고, 유나가 다른 친구와 대화를 하고 있으면 그 친구를 데려가 버렸습니다. 이뿐만이 아니었습니다. 유나가 수업 시간에 발표를 하고 있으면 뒤에서 깔깔대며 웃고, 복도에서 마주치면 째려보고, 살짝 닿기만 해도 '아 더러워!'라며 큰소리로 외쳤습니다. 유나는 학교 생활하는 것이 점점 힘들어졌습니다. 수업 시간, 쉬는 시간 가리지 않고 공격해 오는 5명 때문에 유나는 언제, 어디서 또 어떻게 나를 괴롭힐까 늘 신경이 곤두서 있었습니다.

결국 유나는 혼자 힘으로는 해결할 수 없을 것 같다는 생각이 들어 부모님과 선생님께 따돌림 사실을 알려 도움을 청했습니다. 유나는 궁금하고 속상했습니다. 도대체 친구들은 왜 나를 갑자기 따돌렸을까? 학교폭력 조사에서 민희는 평소 유나가 남학생들과 친하게 지내는 것이 마음에 들지 않았다고 털어놓았습니다. 5명이 영화를 본 날 민희는 나머지 친구들에게 '유나가 남자애들에게 꼬리친다'라며 험담을 하고 거짓말까지 했고, 친구들도 민희의 말을 듣고 유나를 멀리했던 것이었습니다. 유나는 거짓말한 민희에게도 실망했지만, 이를 그대로 믿고 자신을 괴롭힌 친구들에게도 크게 실망했습니다.

학교폭력 신고로 친구들의 따돌림은 멈추었지만 유나는 더 이상 그 친구들과 다시 예전처럼 지내지는 못할 것 같습니다. 유나는 다른 친구들과 어울려 지내며 다시 예전과 같은 일상으로 돌아왔습니다.

학교폭력, 어떻게 막을 수 있을까?

학교폭력이 발생했을 때

··· 기록하기

학교폭력을 당하고 있다면 기록을 남겨야 합니다. 곧바로 스마트폰을 이용해서 기록해도 좋고, 집에 가서 일기를 쓰듯 그날 있었던 괴롭힘에 대해 작성하는 것도 좋습니다. 물론 떠올리고 싶지 않은 기억을 떠올려 글로 남긴다는 것은 힘든 일입니다. 그러나 시간이 지나면 스스로도 기억이 흐려질뿐더러 나중에 피해 사실을 알릴 때 언제, 무슨 일이 있었는지 헷갈릴 수 있습니다. 기록하는 것이 좋은 이유는 내가 얼마나 피해를 입었는지 가장 생생하게 알릴 수 있으며, 가해 학생이 거짓말로 변명하며 빠져 나가는 것을 막을 수 있기 때문입니다. 학교에서 학교폭력 조사를 하거나 경찰에서 수사할 때 피해 학생과 가해 학생의 진술이 일치하는 경우는 거의 없습니다. 진술이 상반될 때는 더 구체적이고 사실적인 진술이 신빙성이 있다고 판단합니다. 따라서 가해 학생이 무조건 모른다며 발뺌하는 상황을 막기 위해서는 폭력을 당할 당시의 상황을 상세하게 기록하도록 합니다.

기록할 때는 '0000년 0월 0일, 000이 나에게 욕을 했다'고 단순하게 기록하기보다는 육하원칙을 기본으로 언제, 어디서, 누가, 왜, 무엇을, 어떻게 했는지 최대한 상세히 작성하는 것이 좋습니다. 또 누가 목격했는지, 그때 내 마음은 어땠는지, 다친 부위는 어디인지에 대해서도 함께 기록하도록 합니다.

2020년 4월 18일 12시

내가 급식 담당이라 교실 앞 복도에서 친구들에게 밥을 퍼 주고 있었다. 민지가 밥을 조금만 달라고 해서 다른 친구들보다 적게 퍼 주었는데 갑자기 나를 향해 "미친년아, 밥 조금만 푸라고 했잖아!"라고 욕을 하며 소리를 질렀다. 그러자 옆에 있던 미선이가 재미있다는 듯이 깔깔 대고 웃었다. 급식 줄에는 선우, 수영이가 있어서 민지가 욕하는 것을 들었고, 또 내 옆에서 같이 급식을 주던 지영이, 소희도 욕하는 것을 들었다. 누가 있었는지 기억은 안 나지만 우리 반 친구들 5~6명, 옆에 4반 친구들도 복도에 있어서 들었을 것이다. 민지가 말한 대로 밥을 조금만 퍼 주었는데, 왜 내가 욕을 들어야 하는지 속이 상했다. 나는 애들 앞에서 욕을 들은 것이 너무 창피해서 아무 말도 할 수 없었다.

2020년 4월 19일 오후 3시 30분
청소시간에 화장실 청소를 마치고 3반 교실에 들어왔는데 교탁 근처에서 민지, 미선이와 마주쳤다. 그런데 지나가면서 민지가 미선이에게 "아, 쟤만 지나가면 걸레 냄새 나"라며 내가 들리게 말을 했다. 이름을 직접 이야기하지는 않았지만, 그때 그곳을 지나가는 사람이 나밖에 없었고, 일부러 들리게끔 말하는 것이 나를 향해서 냄새가 난다고 말하는 것이었다. 순간 기분이 나빠 뒤를 돌아봤는데 민지와 미선이는 "뭘 봐?"라고 하며 교실 뒤로 갔다. 마주치기만 해도 시비를 걸고 꼽을 주는 민지와 미선이 때문에 학교에 가는 것이 싫다.

··· 증거 모으기

만일 가해 학생에게 맞았다면 맞은 부위를 사진으로 촬영해 둡니다. 또한 가해 학생이 어딘가로 따라 오라고 한다거나, 학교폭력이 예상되는 상황이라면 혼자 가지 말고 친구와 함께 가거나, 스마트폰을 이용해 몰래 녹음하는 것도 방법입니다. 간혹 녹음하는 것이 불법이라고 생각하는 친구들이 있으나 당사자가 현장에 있을 때 녹음을 하는 것은 불법이 아닙니다. 그러므로 현장의 상황이 생생하게 녹음이 되어 있다면 학교폭력을 입증할 수 있는 충분한 증거가 될 수 있습니다.

… 하지 말라고 표현하기

누군가가 나를 괴롭힐 때 하지 말라거나 싫다는 의사를 분명하게 표현하는 것이 좋습니다. 다만 하지 말라고 분명히 의사 표현을 했음에도 폭력이 멈추지 않는다면, 내 선에서 해결할 수 없는 문제라는 것을 인지하고 다음 단계로 넘어가야 합니다.

… 부모님과 어른에게 알리고 도움받기

하지 말라고 이야기했음에도 괴롭힘이 반복된다거나 가해 학생에게 하지 말라고 말하기 어려운 상황이라면 이제는 부모님이나 선생님 등 어른에게 알려야 합니다. 특히 부모님과 선생님께는 빨리 알릴수록 좋습니다. 학생들이 부모님께 말씀드리지 못한 이유 중 가장 첫 번째로 꼽은 것은 '부모님이 걱정하실까 봐'였습니다. 하지만 부모님은 자식이 말도 하지 못하고 계속해서 괴롭힘을 당했다는 사실에 더 마음 아파합니다. 두 번째로 부모님께 이야기해도 별다른 도움을 줄 것 같지 않아서 말하지 않았다고 털어놓는 친구들이 있습니다. 그러나 부모님만큼 나의 일에 앞장서서 내 편이 되어 주는 사람은 없습니다. 부모님께 알려야 함께 힘든 점을 덜어내고 신고 등을 통해 가해 학생이 더 이상 폭력을 행사하는 것을 막을 수 있습니다. 더러 부모님께 피해 사실을 알렸는데 얼마나 심각한지 모르고 참으라고 하는 경우도 있습니다. 그럴 때는 선생님이나 학교전담경찰관, 117 학교폭력 신고 센터, 푸른나무재단 학교폭력 SOS 지원단 등 다른 믿을 만한 어른에게 알리고 도움을 받는 것도 좋은 방법입니다.

… 신고하기

기록, 녹음 등으로 모은 증거를 가지고 학교폭력으로 신고합니다. 단지 나 혼자, 또는 나와 부모님이 피해 사실을 알고 있다고 해서 가해 학생이 폭력을 멈추지는 않습니다. 학교폭력을 신고하는 이유는 학교와 경찰, 학교폭력대책심의위원회에 알려 보호를 받고 가해 학생이 또다시 폭력을 저지르는 것을 막기 위함입니다. 또 사안이 심각하거나 가해 학생이 반성을 하지 않는 경우에는 부모님과 상의하여 경찰에 고소[8]를 하기도 합니다.

학교폭력 신고 방법

▶ 말로 신고하기: 직접 선생님에게 이야기하거나 상담을 통해 말하기

▶ 학교폭력 신고함: 학교에 설치되어 있는 신고함에 신고 내용을 작성하여 넣기

▶ 설문조사: 학교에서 실시하는 설문조사에 피해 사실을 적기

▶ 117 학교폭력 신고 센터: 24시간, 전국 어디에서나 국번 없이 117을 눌러 신고하기

· 전화 신고: 국번 없이 117

· 문자 신고: #0117

· 인터넷을 통한 신고: '안전드림' 또는 '117'로 검색하여 신고하기

· 애플리케이션을 통한 신고: '안전드림' 설치 후 상담, 신고하기

· 방문 신고: 117 신고 센터 또는 가까운 경찰서나 파출소에 신고하기

▶ 학교전담경찰관: 각 학교에 담당하고 있는 학교전담경찰관에게 문자 또는 전화로 신고하기

▶ 청소년 상담 1388: 학교폭력 등에 대한 상담, 신고하기

---

8 고소란 범죄사실을 수사기관에 신고하여 수사를 요청하고 범인에 대해 처벌을 요구하는 것을 의미합니다. 이 경우에는 형사재판 또는 소년재판을 받기도 합니다.

간혹 신고하는 것이 마치 친구를 고자질하는 것 같다고 이야기하는 친구들도 있습니다. 그러나 학교폭력 신고는 학교폭력예방법에서 정하고 있는 당연한 권리이자 의무입니다. 학교폭력을 직접 당하거나 목격한 경우에는 위의 방법을 참고하여 반드시 신고하도록 합니다.

학교폭력예방법

제20조 (학교폭력의 신고 의무)

① 학교폭력 현장을 보거나 그 사실을 알게 된 자는 학교 등 관계 기관에 이를 즉시 신고하여야 한다.

⑤ 누구든지 학교폭력을 신고한 사람에게 그 신고 행위를 이유로 불이익을 주어서는 아니 된다.

신고를 하면 가해 학생에게 보복을 당할까 봐 두려워서 신고를 망설이는 친구들도 있습니다. 그러나 더 이상의 폭력과 보복을 막을 수 있는 가장 좋은 방법은 바로 신고입니다. 신고를 하지 않고 계속 참고만 있으면 가해 학생의 행동은 더욱 심해지기만 합니다. 하지만 신고를 하면 많은 것이 달라집니다. 학교폭력예방법 제21조 비밀누설금지 조항에 따라 피해 학생, 신고 학생에 대한 비밀이 철저하게 보장됩니다.

학교폭력예방법

제21조 (비밀누설금지 등)

① 이 법에 따라 학교폭력의 예방 및 대책에 관련된 업무를 수행하거나 수행했던 자는 그 직무로 인하여 알게 된 비밀 또는 가해 학생, 피해 학생 및 제20조에 따른 신고자, 고발자와 관련된 자료를 누설하여서는 아니 된다.

학교폭력예방법 시행령

제33조(비밀의 범위)

제21조 제1항에 따른 비밀의 범위는 다음 각 호와 같다.

1. 학교폭력 피해 학생과 가해 학생 개인 및 가족의 성명, 주민등록번호 및 주소 등 개인정보에 관한 사항

2. 학교폭력 피해 학생과 가해 학생에 대한 심의, 의결과 관련된 개인별 발언 내용.

3. 그 밖에 외부로 누설될 경우 분쟁 당사자 간에 논란을 일으킬 우려가 있음이 명백한 사항.

신고가 접수되면 가해 학생은 사안 조사를 받고, 학교폭력대책심의위원회에 출석해야 하며, 부모님에게도 연락이 가는 등 여러 제약이 생기게 됩니다. 설령 보복을 한다면 더욱 무거운 징계가 내려지거나 나아가 범죄로까지 인정받아 엄한 처벌을 받게 됩니다.

이처럼 학교폭력을 극복하는 데 도움이 되는 다양한

방법이 있습니다. 그러니 가해 학생에게 대처할 수 있다는 것을 용기 내어 당당하게 보여 주라고 말해 주고 싶습니다.

친구의 학교폭력을 목격했을 때

교실에서 학교폭력이 발생했을 때 가해 학생과 피해 학생을 제외한 대부분의 친구들은 목격자이자 방관자라고 할 수 있습니다. 그럼 목격자와 방관자의 차이는 무엇일까요? 우연히 학교폭력을 보게 된 경우는 목격자입니다. 반면, 학교폭력이 발생한 것을 알고도 구경하기 위해 학교폭력이 벌어지는 현장에 가거나 학교폭력이 벌어지고 있는 모습을 보면서도 아무것도 하지 않고 구경하는 경우는 방관자입니다.

학교폭력을 목격하고도 섣불리 신고하지 못하는 첫 번째 이유는 '나랑 상관도 없는데 괜히 사건에 엮일까 봐'입니다. 또 친구들이 알면 나를 고자질쟁이로 생각하지 않을까 걱정도 됩니다. 두 번째 이유는 내가 신고한 사실을 알면 가해 학생이 나를 괴롭히고 보복하지 않을까 하는 두려움 때문입니다. 내가 당한 것도 아닌데 굳이 신고해야 하는지도 모르겠고, 괜히 나섰다가 내가 그다음 타깃이 될 수도 있으니 계속해서 피해 학생이 괴롭힘 당하는 게 나을 수 있겠다는 마음도 있습니다.

그러나 교실이나 학교에서 일어나는 학교폭력은 내가 직접 당하지 않는다고 해서 나와 무관한 것이 아닙니다. 가해 학생이 학교폭력을 할 수 있는 이유는 어느 누구도 말리지 않고 폭력을 모르는 척하는 친구들이 있기 때문입니다. 좀 더 이야기하자면 자신의 행동을 보는 이들이 말리거나 탓하지 않는다는 사실에 더욱 의기양양해져 피해 학생을 괴롭힐 수 있는 것이지요. 결국 목격자와 방관자는 가해 학생의 편이 되는 셈입니다. 하지만 목격자와 방관자 또한 언제든 피해자가 될 수 있습니다.

다음은 내 차례?

정현, 슬아, 규민, 선아, 보경, 효주, 세아는 친하게 지내는 친구들이었습니다. 그런데 슬아의 험담으로 규민이는 무리에서 따돌림을 당하게 되었습니다. 정현이는 규민이가 따돌림 당하는 게 안쓰럽긴 했지만 슬아와 친하기도 했고 자신이 따돌림 당하는 것이 아니기 때문에 모르는 척했습니다. 결국 규민이는 견디다 못해 전학을 갔습니다. 그런데 규민이가 떠난 이후 따돌림의 타깃은 정현이가 되었습니다. 이번에도 슬아는 정현이가 마음에 들지 않는다는 이유로 따돌림을 주도했기 때문입니다. 예전 규민이

때와 마찬가지로 다른 친구들마저 정현이를 멀리합니다. 정현이는 이제야 규민이의 마음을 이해할 수 있게 되었습니다. 규민이가 따돌림을 당할 때 규민이를 도와주고 함께 신고를 했더라면 어땠을까 후회를 합니다.

또 학교폭력을 방관할 경우에도 가담자로서 징계를 받을 수 있습니다. 실제로 2018년에 한 중학교에서 가해 학생들이 학교 복도에서 동급생인 피해 학생을 욕하고 때리는 일이 있었습니다. 피해 학생이 화장실로 도망가자 가해 학생들은 뒤쫓아가 화장실 칸막이 안에 숨은 피해 학생에게 물 묻힌 휴지를 던져 넣으며 조롱했습니다. 이때 수십 명의 학생들이 그 상황을 구경했습니다. 승주도 그중 한 명이었습니다. 특히 승주는 화장실 칸막이 앞에서 펄쩍 뛰어 문틀을 붙잡고 매달려 피해 학생을 쳐다보았습니다. 학교에서는 가해 학생들에게 출석정지 10일 등 징계를 내렸고, 직접적인 가해자는 아니었지만 문틀에 매달려 본 승주에게는 서면 사과의 징계를 내렸습니다. 이처럼 학교폭력에 직접 가담하지 않았더라도 남이 괴롭힘당하는 모습을 구경하며 피해 학생에게 수치심을 줬다면 학교폭력에 해당합니다.

학교폭력을 막을 수 있는 가장 좋은 방법은 반 친구

들이 폭력을 용납하지 않는 분위기를 만드는 것입니다. 반 친구들이 누군가를 괴롭히는 가해 학생에게 동조하지 않고 피해 학생을 도와준다면 가해 학생은 더 이상 괴롭힘을 이어 갈 수 없습니다. 자신이 이상한 사람이 되는 것 같아 눈치를 보게 되기 때문입니다. 이뿐만 아니라 피해 학생도 용기 내어 피해 사실을 이야기할 수 있게 됩니다.

가해 학생이 피해 학생을 괴롭히는 상황을 보거나 괴롭히려고 한다면 가해 학생에게 하지 말라고 말하는 것이 좋습니다. 또 가해 학생의 학교폭력에 동조하지 말고 선생님께 알리는 등 신고를 합니다. 피해 학생만 신고를 할 수 있는 것은 아닙니다. 앞에서 이야기했던 것처럼 학교폭력예방법 제20조 학교폭력의 신고 의무 조항에 따르면 학교폭력 현장을 보거나 그 사실을 알게 된 자는 학교 등 관계 기관에 즉시 신고하여야 합니다. 목격 학생도 예외가 아닙니다(79쪽 '학교폭력의 신고 의무' 조항 참고).

만약 내가 신고한 사실이 알려질까 봐 두려운 마음이 든다면 안심해도 됩니다. 학교폭력예방법은 신고자와 고발자를 비밀로 하고 있어 보호받도록 하고 있기 때문입니다(80쪽 '비밀누설금지' 조항 참고).

우리는 종종 뉴스에서 연예인들의 과거 학교폭력 가

해 사실이 폭로되는, 이른바 '학투' 사건을 접하곤 합니다. 혹시 여러분은 멀리에서 일어난 학교폭력에는 분노하면서도 정작 내 옆에서 벌어지는 학교폭력은 모르는 척하고 있지 않은가요? 학교폭력을 당하는 친구를 방관하지 않고 도움을 주는 것, 힘겨워하는 친구를 위해 진실을 이야기해 주는 것이 그 친구에게는 큰 도움이 될 것입니다. 친구의 아픔을 외면하지 않기를 간절히 바랍니다.

나를 지켜 주는 법

학교폭력예방법

'학교폭력 예방 및 대책에 관한 법률'은 피해 학생의 보호와 가해 학생의 선도 등 학교폭력의 예방과 대책에 필요한 사항들을 규정하기 위해 만들어진 법입니다.

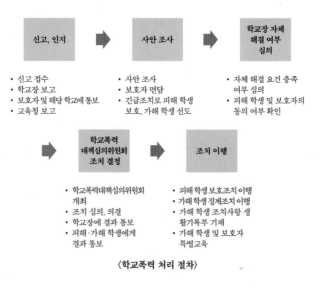

신고, 인지
- 신고 접수
- 학교장 보고
- 보호자 및 해당 학교에 통보
- 교육청 보고

사안 조사
- 사안 조사
- 보호자 면담
- 긴급조치로 피해 학생 보호, 가해 학생 선도

학교장 자체 해결 여부 심의
- 자체 해결 요건 충족 여부 심의
- 피해 학생 및 보호자의 동의 여부 확인

학교폭력 대책심의위원회 조치 결정
- 학교폭력대책심의위원회 개최
- 조치 심의, 의결
- 학교장에 결과 통보
- 피해·가해 학생에게 결과 통보

조치 이행
- 피해 학생 보호조치 이행
- 가해 학생 징계조치 이행
- 가해 학생 조치사항 생활기록부 기재
- 가해 학생 및 보호자 특별교육

〈학교폭력 처리 절차〉

- **신고, 인지**: 피해 학생이 학교폭력을 신고하거나 학교에서 학교폭력 사실을 알게 되면 학교에 사건이 접수됩니다.

- **사안 조사**: 교감 선생님, 상담 선생님, 학교폭력 담당 선생님, 학부모 등으로 구성된 학교폭력전담기구에서 사안을 조사하고 가해 학생, 피해 학생, 목격 학생, 부모님 등과 면담을 실시해 사실관계를 확인합니다. 이를 통해 피해 학생이 얼마나 피해를 입었는지, 가해 학생의 행위는 어느 정도였는지 등을 조사합니다. 필요한 때는 조사 도중에도 피해 학생을 보호하고 가해 학생의 선도를 위해 '피해, 신고 학생에 대한 접촉 금지', '가해 학생에 대한 출석 정지' 같은 긴급조치를 내리기도 합니다. 사건이 끝난 이후에도 피해 학생과 지속적인 상담 등을 통해 추가 피해나 재발이 없는지 확인해서 피해 학생을 보호하고, 가해 학생에게도 꾸준히 상담과 관찰을 통해 생활지도를 합니다.

- **학교장 자체 해결 여부 심의**: 가해 학생이 곧바로 사과해 화해가 이루어지거나 피해 학생이 학교폭력대책심의위원회까지는 가고 싶어 하지 않거나 징계까지는 원하지 않을 때가 있습니다. 그럴 때는 교장 선생

님이 학교폭력 사건을 자체적으로 해결할 수 있습니다. 단, 모든 학교폭력을 자체적으로 해결할 수 있는 것은 아닙니다. ① 2주 이상의 신체적, 정신적 치료를 요하는 진단서를 발급받지 않은 경우 ② 재산상 피해가 없거나 즉각 복구된 경우 ③ 학교폭력이 지속적이지 않은 경우 ④ 보복행위가 아닌 경우라는 4가지 조건에 모두 해당되고 피해 학생과 부모님이 학교폭력대책심의위원회의 개최를 원하지 않을 때만 가능합니다(학교폭력예방법 제13조의 2).

· **학교폭력대책심의위원회 조치 결정:** 사안 조사에서 확인된 사실관계를 바탕으로 사안이 경미하거나 피해 학생과 피해 학생 부모님의 동의가 있는 경우 학교장이 자체적으로 종결할 수 있습니다. 하지만 사안이 경미하지 않다고 판단되거나 피해 학생 측에서 동의하지 않는 경우 학교폭력대책심의위원회가 열립니다. 학교폭력대책심의위원회는 교육지원청에 소속된 위원회로 학교폭력 여부에 대해 판단하고, 피해 학생을 보호하기 위한 조치, 가해 학생에 대한 징계조치를 결정하며 피해 학생과 가해 학생 간의 분쟁을 조정합니다. 이때 학교폭력대책심의위원회는

피해 학생과 부모님, 가해 학생과 부모님을 불러 의
견을 듣는데, 이때 피해 학생이 편하게 이야기하도
록 하기 위해 양측을 따로 부릅니다. 가급적이면 학
교폭력대책심의위원회에 직접 출석하는 것이 좋지
만 출석을 원하지 않는 경우에는 서면 의견서에 의
견을 적어서 제출하기도 합니다.

· **조치 이행**: 학교폭력대책심의위원회의 결정에 따라
조치가 내려진 경우, 가해 학생은 정해진 기간 내에
징계를 이행해야 합니다. 만일 가해 학생이 조치 이
행을 거부한다면 추가 징계가 내려질 수 있습니다.

… 피해 학생을 위한 보호

학교폭력을 당한 피해 학생은 신체적 피해 또는 마음의
상처로 후유증이 남는 경우가 많습니다. 피해 학생이
상처를 회복하고 다시 일상생활로 돌아올 수 있도록
돕기 위해 학교폭력대책심의위원회에서는 피해 학생에
게 필요한 보호조치를 내릴 수 있습니다.

· **피해 학생 보호를 위한 보호조치**: 학교폭력대책심의위
원회는 피해 학생에게 필요하다고 판단하는 경우 또
는 피해 학생과 부모님이 요청하는 경우 보호조치

를 결정합니다(학교폭력예방법 제16조).

- **학내외 전문가에 의한 심리상담 및 조언(1호)**: 학교폭력
으로 정신적, 심리적 충격을 받았다면 학교 내에
서 심리상담 선생님에게 상담 및 조언을 받을 수
있습니다. 또 경우에 따라서는 Wee 센터, 청소년
상담복지센터, 정신건강복지센터 등 전문 상담 기
관에서도 상담을 받을 수 있습니다.

- **일시보호(2호)**: 가해 학생으로부터 떨어져서 집, 상
담실 등에서 안정을 찾고 싶은 경우나 학교폭력에
대한 충격으로 등교를 힘들어하는 경우 알맞은
보호를 받을 수 있게 하는 조치입니다.

- **치료 및 치료를 위한 요양(3호)**: 학교폭력으로 인해 신
체적, 정신적 상처를 받았다면 의료기관 등에서
치료를 받도록 하는 조치입니다. 이때 발생하는
비용은 가해 학생의 부모님이 부담하도록 합니다.

- **학급 교체(4호)**: 만일 피해 학생이 다른 반으로 옮
기고 싶어 할 경우 요청할 수 있는 조치입니다.

- **그 밖에 피해 학생의 보호를 위해 필요한 조치(6호)**: 그
밖에 피해 학생이 필요한 점을 반영해 내리는 조
치입니다. 해바라기 센터 지정 병원과 같은 의료

기관과 연계하거나 학교폭력 관련 기관에 필요한 협조와 지원요청 등을 할 수 있습니다.

· **피해 학생 보호를 위한 긴급조치**: 피해 학생 보호조치는 학교폭력대책심의위원회에서 결정하지만, 학교폭력 발생 후 심의위원회에 가기 전이라도 사안이 긴급하거나 피해 학생이 긴급보호 요청을 하는 경우에는 위에서 언급한 보호조치 1~6호 중 학내외 전문가에 의한 심리상담 및 조언(1호), 일시 보호(2호), 그 밖에 피해 학생 보호를 위해 필요한 조치(6호)를 받을 수 있습니다(학교폭력예방법 제16조).

· **출석 일수 인정**: 보호조치를 받아 병원치료, 심리상담 등으로 결석하는 경우 출석으로 인정받을 수 있습니다. 또 심의위원회가 열리기 전이라도 학교폭력 피해로 출석하지 못했다면 확인을 거쳐 출석으로 인정됩니다.

··· 가해 학생 징계

가해 학생이 얼마나 지속적이고 의도적으로 가해행위를 했는지, 행위가 얼마나 심각한지 그리고 피해 학생의 피해 정도와 가해 학생의 반성 정도, 피해 학생과의

화해 정도를 종합적으로 판단해 가해 학생이 반성의 기회를 갖고 선도될 수 있도록 가해 학생에 대해 징계를 내리게 됩니다. 유사한 수준의 학교폭력을 저질렀더라도 반성하고 뉘우치는 가해 학생에게는 낮은 징계가 내려지겠지만, 전혀 반성하지 않고 자신의 잘못을 모르는 가해 학생은 재범의 가능성이 있기 때문에 학급교체, 전학 등 중징계가 내려지기도 합니다. 가해 학생이 징계를 받고도 이행을 거부하는 경우 추가로 징계를 받을 수 있고, 만약 가해 학생의 학교폭력이 피해 학생이나 신고 학생에 대한 보복행위였을 경우 징계를 가중할 수 있습니다.

· **가해 학생에 대한 조치**: 학교폭력대책심의위원회는 사안의 경중과 필요성에 따라 가해 학생에게 내릴 징계(1~9호)를 하나 이상 결정할 수 있습니다. 그리고 그 결정에 따라 교육지원청의 교육장이 징계를 내리게 됩니다(학교폭력예방법 제17조).

  - **피해 학생에 대한 서면 사과(1호)**: 가해 학생이 피해 학생에게 그동안 잘못한 점을 사과하는 조치입니다.

  - **피해 학생 및 신고 학생에 대한 접촉, 협박 및 보복행위의 금지(2호)**: 가해 학생이 피해 학생에게 접근하는 것

을 금지해 더 이상의 폭력이나 보복을 막는 조치
입니다.

- **교내 봉사(3호)**: 가해 학생이 스스로 잘못을 깨달
을 수 있도록 학교에서 봉사활동을 하며 반성하
도록 하는 조치입니다.

- **사회봉사(4호)**: 학교 밖 공공기관 등에서 봉사활동
을 하며 반성하는 시간을 갖도록 하는 조치입니다.

- **학내외 전문가에 의한 특별교육 이수 또는 심리치료(5호)**:
가해 학생이 자신의 행동이 잘못된 것인지 잘 모
를 때 전문가의 도움을 받아 폭력에 대한 교육을
받고 반성할 수 있도록 하는 조치입니다.

- **출석 정지(6호)**: 가해 학생을 일정 기간 학교에 오지
못하게 하여 피해 학생과 격리하는 조치입니다.

- **학급 교체(7호)**: 피해 학생과 같은 학급에서 생활하
기 어렵다고 판단되는 경우 피해 학생과 격리하기
위해 다른 학급으로 옮기는 조치입니다.

- **전학(8호)**: 피해 학생과 같은 학교에서 생활하는
것이 어렵다고 판단하거나 재발 위험이 예상되는
경우 더 이상 피해 학생에게 폭력을 행사하지 못
하도록 다른 학교로 이전시키는 조치입니다.

- **퇴학**[9](9호) : 사안이 중하고 폭력행위를 반복해 더 이상 학교에서는 가해 학생을 선도하거나 교육할 수 없다고 판단했을 때 내리는 조치입니다.

· **가해 학생에 대한 긴급조치:** 학교에서는 가해 학생이 보복이나 폭력을 재발할 수 있는 등 선도가 긴급한 경우, 심의위원회가 열리기 전이라도 피해 학생에 대한 서면 사과(1호), 피해 학생 및 신고 학생에 대한 접촉, 협박 및 보복행위의 금지(2호), 교내 봉사(3호), 사회봉사(4호), 학내외 전문가에 의한 특별교육 이수 또는 심리치료(5호), 출석 정지(6호) 조치를 내릴 수 있습니다(학교폭력예방법 제17조).

각 유형별 처벌 규정

다만 학교폭력 가해자가 아동 및 청소년이라고 할지라도 아래와 같이 형법 등에서 정한 범죄를 저질러 경찰에 신고 또는 고소된 경우 단순히 학교폭력예방법에 따라 징계나 처벌을 받는 수준으로 끝나지 않습니다. 1장에서 이야기했던 것처럼 형사처벌을 받거나 보호처분을 받을 수 있습니

---

9 퇴학 처분은 초등학생, 중학생에게는 내릴 수 없고, 고등학생에 한해서만 내릴 수 있습니다.

다. 이에 해당하는 유형별 처벌 규정은 다음과 같습니다(41쪽 '소년보호사건' 참고).

··· 신체적 폭력의 경우

- **폭행죄(형법 제260조):** 사람의 신체에 대해 폭행을 가한 자는 2년 이하의 징역, 500만 원 이하의 벌금, 구류 또는 과료에 처한다.

- **특수폭행죄(형법 제261조):** 단체 또는 다중의 위력을 보이거나 위험한 물건을 휴대해 폭행죄를 범한 때는 5년 이하의 징역 또는 1천만 원 이하의 벌금에 처한다.

- **상해죄(형법 제257조):** 사람의 신체를 상해한 자는 7년 이하의 징역, 10년 이하의 자격정지 또는 1천만 원 이하의 벌금에 처한다.

- **특수상해죄(형법 제258조의 2):** 단체 또는 다중의 위력을 보이거나 위험한 물건을 휴대해 상해죄를 범한 때는 1년 이상~10년 이하의 징역에 처한다.

- **협박죄(형법 제283조):** 사람을 협박한 자는 3년 이하의 징역, 500만 원 이하의 벌금, 구류 또는 과료에 처한다.

- **특수협박죄(형법 제284조):** 단체 또는 다중의 위력을 보

이거나 위험한 물건을 휴대해 협박죄를 범한 때는 7
년 이하의 징역 또는 1천만 원 이하의 벌금에 처한다.

· **체포, 감금죄(형법 제276조)**: 사람을 체포 또는 감금한
자는 5년 이하의 징역 또는 700만 원 이하의 벌금
에 처한다.

· **특수체포, 감금죄(형법 제278조)**: 단체 또는 다중의 위력
을 보이거나 위험한 물건을 휴대해 체포, 감금죄를
범한 때는 그 죄에 정한 형의 2분의 1까지 가중한다.

… 금품 갈취의 경우

· **강요죄(형법 제311조)**: ① 폭행 또는 협박으로 사람의
권리행사를 방해하거나 의무 없는 일을 하게 한 자
는 5년 이하의 징역 또는 3천만 원 이하의 벌금에
처한다. ② 단체 또는 다중의 위력을 보이거나 위험
한 물건을 휴대해 강요죄를 범한 자는 10년 이하의
징역 또는 5천만 원 이하의 벌금에 처한다.

· **공갈죄(형법 제350조)**: 사람을 공갈해 재물의 교부를
받거나 재산상의 이익을 취득한 자는 10년 이하의
징역 또는 2천만 원 이하의 벌금에 처한다.

· **특수공갈죄(형법 제350조의 2)**: 단체 또는 다중의 위력

을 보이거나 위험한 물건을 휴대해 공갈죄를 범한
자는 1년 이상~15년 이하의 징역에 처한다.

- **손괴죄(형법 제366조)**: 타인의 재물, 문서 또는 전자기
록 등 특수매체기록을 손괴 또는 은닉 기타 방법으
로 기 효용을 해한 자는 3년 이하의 징역 또는 700
만 원 이하의 벌금에 처한다.

··· 2인 이상이 폭력을 한 경우

- **2인 이상 공동으로 한 경우 가중처벌(폭력행위 등 처벌에 관한
법률 제2조)**: 2명 이상이 공동해 폭행, 협박, 재물손괴,
체포, 감금, 강요, 상해, 공갈죄를 범한 사람은 「형법」
각 해당 조항에서 정한 형의 2분의 1까지 가중한다.

··· 언어폭력, 따돌림의 경우

- **명예훼손죄(형법 제307조)**: ① 공연히 사실을 적시해
사람의 명예를 훼손한 자는 2년 이하의 징역이나 금
고 또는 500만 원 이하의 벌금에 처한다. ② 공연히
허위의 사실을 적시해 사람의 명예를 훼손한 자는 5
년 이하의 징역, 10년 이하의 자격정지 또는 1천만
원 이하의 벌금에 처한다.

· **모욕죄(형법 제311조)**: 공연히 사람을 모욕한 자는 1년 이하의 징역이나 금고 또는 200만 원 이하의 벌금에 처한다.

… 고소를 했는데 보복한 경우

· **보복범죄의 가중처벌(특정범죄 가중처벌 등에 관한 법률 제5조의 9)**: ② 자기 또는 타인의 형사사건의 수사 또는 재판과 관련해 고소·고발 등 수사단서의 제공, 진술, 증언 또는 자료제출에 대한 보복의 목적으로 「형법」 제257조 제1항·제260조 제1항·제276조 제1항 또는 제283조 제1항의 죄를 범한 사람은 1년 이상의 유기징역에 처한다. 고소·고발 등 수사단서의 제공, 진술, 증언 또는 자료 제출을 하지 못하게 하거나 고소·고발을 취소하게 하거나 거짓으로 진술·증언·자료 제출을 하게 할 목적인 경우에도 또한 같다. ④ 자기 또는 타인의 형사사건의 수사 또는 재판과 관련해 필요한 사실을 알고 있는 사람 또는 그 친족에게 정당한 사유 없이 면담을 강요하거나 위력(威力)을 행사한 사람은 3년 이하의 징역 또는 300만 원 이하의 벌금에 처한다.

경찰에 신고했을 때 절차와 보호방법

··· 고소에서 재판까지

이렇듯 학교폭력은 범죄행위로 처벌받을 수 있기 때문에 가해 학생이 반성하지 않는 경우, 학교폭력 징계만으로는 가해 학생의 추가 폭력을 예방할 수 없다고 판단되는 경우나 피해 학생과 피해 학생의 부모님이 원한다면 사건에 따라서는 경찰에 신고하거나 고소할 수 있습니다.

고소는 구두로 하거나 고소장을 작성하는 방법이 있습니다. 고소를 하면 경찰서에서 어떤 피해를 입었는지 확인하기 위해 고소인 조사(피해자 조사)를 진행하게 됩니다. 다음으로 가해자를 불러 조사하고 목격 학생, 선생님들에게도 물어보아 학교폭력이 발생한 것이 맞는지, 평소 가해 학생이 어떠했는지 등을 종합적으로 수사합니다. 이후 가해 학생의 나이가 만 10세에서 만 14세 미만인 경우에는 소년법원으로, 만 14세 이상인 경우에는 검찰로 넘어가게 됩니다. 검찰에서는 수사가 더 필요한 경우 추가 수사를 하고 검사는 범죄의 형태, 가해의 정도, 죄질에 따라 가해 학생을 소년법원으로 보낼지 형사법원으로 보낼지를 결정합니다. 대부분은 소년법원으로 보내 보호처분을 받습니다. 그러나 중대하고 심각한 사안일 경우에는 형사법원으로 보내 형사처벌을 받게 하고, 가해 학생은 전과까지 남게 됩니다. 또 소년법원으로 보내진 사건 중 비행의 정도가 심한 경우 수사 또는 소년재판 도중 가해 학생을 소년분류심사원에 보낼 수 있습니다. 이뿐만 아니라 피해자가 사망에 이르거나, 도망 혹은 증거인멸의 우려가 있는 등 사안이 긴급하거나 심각하다고 판단되면 수사 도중 구치소에 구속할 수 있습니다. 만일 수사나 재판을 받는 도중 가해 학생이 피해 학생에게 보복을 한다면 특정범죄 가중처벌 등에 관한 법률에 따라 보복범죄로 가중처벌까지 받게 됩니다(41쪽 '소년보호사건' 참고).

… 경찰에 신고하면 어떤 도움을 받을 수 있을까?

경찰에서는 학교폭력 피해자에게 무료로 24시간 의료, 상담, 수사에 필요한 진술 녹화, 법률지원 등을 지원하고 있습니다. 원 스톱 지원 센터는 학교폭력으로 신체에 상처를 입었을 경우 이를 치료하고 증거자료로 제공하는 데 도움을 줍니다. 또한 피해 학생이 변호사나 상담 전문가와 상담할 수 있도록 하고, 상담이나 치료과정에서 불안, 초조, 스트레스 등으로 안정이 필요한 경우에는 안정을 취할 수 있도록 안정실을 마련해 두고 있습니다. 원 스톱(one-stop) 지원 센터의 위치와 전화번호는 안전드림 홈페이지(http://www.safe182.go.kr)를 통해 확인할 수 있습니다.

… 학교폭력 피해자 지원기관

학교폭력 피해 학생은 아래의 기관들을 통해 상담 및 심리 지원, 조언 등을 받을 수 있습니다.

원 스톱 지원 센터	· 학교폭력 피해 학생에게 무료로 24시간 의료, 상담, 수사에 필요한 지원, 법률지원 등을 하고 있습니다. 원 스톱 지원 센터의 위치와 전화번호는 안전드림 홈페이지(http://www.safe182.go.kr)를 통해 확인할 수 있습니다. · 상담지원: 24시간 상담, 사회복지사, 상담 전문 여성경찰관이 근무 · 의료지원: 센터 전담 응급의학과에서 24시간 진료 · 법률지원: 무료 법률 상담
위(Wee) 클래스, 위(Wee) 센터, 위(Wee) 스쿨	· 학교(위 클래스), 지역교육청(위 센터), 시·도 교육청(위 스쿨)에서 학생들의 학교생활을 지원하는 서비스입니다. 위 클래스, 위 센터, 위 스쿨의 위치와 전화번호는 위 홈페이지(https://www.wee.go.kr)를 통해 확인할 수 있습니다. · 상담지원: 각 학교의 위 클래스나 교육청의 위 센터를 통한 상담 또는 홈페이지를 통한 사이버 상담 · 안정지원: 심리검사, 맞춤형 프로그램 등으로 학교 적응 및 심리·정서적 안정 지원

청소년 상담 1388	· 학교폭력 피해를 입은 청소년과 가족에게 365일, 24시간 내내 상담과 지원, 쉼터를 제공하는 기관입니다. 지역번호를 함께 누르고 1388로 전화하여 도움을 요청할 수 있습니다. 홈페이지(http:// www.cyber1388.kr)를 통해 전국 각지에 있는 센터의 위치와 전화번호를 확인할 수 있습니다. · 상담지원: 24시간 전화 상담, 청소년상담복지센터 방문상담 지원 · 안정지원: 경제적 지원(생활비, 학업비 등), 의료, 법률, 자립지원 · 보호지원: 청소년 쉼터에서 의,식,주 등 생활 보호, 학업 도움, 경제적 자립을 위한 도움 지원
푸른나무재단	피해 학생 전담 지원센터를 통해 피해 학생을 보호하고 심리·정서적 치유를 도우며, 학교폭력과 관련된 법률상담을 제공합니다. 홈페이지(http://www.btf.or.kr)와 전화(1588-9128)를 통해 자세한 정보를 확인할 수 있습니다. · 상담지원: 심리·정서적 지원, 해결을 위한 조언, 고충 상담 · 청소년 전문상담, 지원: 상담 및 심리치료 · 안정지원: 신체적, 심리적인 치유와 의료, 상담, 학업, 생활, 자립 지원 등 제공 · 피해 학생 전담 지원센터: 학교폭력대책심의위원회에서 피해 학생 보호조치를 받았거나, 학교장이 필요하다고 판단한 학생에게 치유 프로그램 제공

법정으로 간 학교폭력

사례 1 소년법원에 간 사건

2017년의 일입니다. 중학교 2학년인 A 군은 친구들에 비해 유독 덩치가 크고 힘에 세서 리더 역할을 도맡곤 했습니다. A 군은 친하게 지내던 5명의 친구에게 음료수나 빵을 사 달라고 하는 것을 당연하게 여겼고, 이동 수업 때마다 자신의 짐을 친구들에게 들게 하곤 했습니다. 이뿐만이 아니었습니다. A 군은 친구의 비싼 샤프도 강제로 빼앗고, 친구들끼리 서로 때리도록 지시해 그 모습을 보고 재미있어 했습니다. 그렇게 폭력은 2개월 동안 지속되었고, 결국 5명의 친구들은 A 군을 학교에 학교폭력으로 신고했으며, 경찰에도 고소했습니다. A 군은 학교에서 강제전학 징계를 받은 것은 물론 폭행, 공갈, 손괴, 강요죄도 인정받아 소년법원까지 가게 되었습니다. 소년법원에서는 A 군이 친구들을 지속적으로 심하게 괴롭혔다며 4주 동안 소년분류심사원으로 보냈습니다. A 군은 가족들과 떨어져 소년분류심사원에서 생활하는 동안 A 군은 자신의 잘못을 깊이 뉘우쳤습니다. 그 결과 A 군은 피해 학생들과 합의를 할 수 있었고 4주 뒤 소년재판에서 2호 수강 명령 보호처분을 받게 되었습니다.

2018년, 중학교 1학년이었던 B 군은 같은 반 친구였던 피해 학생을 지속적으로 괴롭혔습니다. 2018년 11월 사건 당일, B 군과 C 양 등 4명은 새벽 2시에 피해 학생을 공원으로 끌고 가 코피가 날 때까지 집단폭행을 했고, 당일 오후에 아파트 옥상에서 또다시 집단폭행을 했습니다. 가해자들은 허리띠를 사용해 피해 학생을 때리고, 억지로 담배 3개비를 입에 물렸으며, 바지를 벗기고 입과 온몸에 가래침까지 뱉는 등 1시간 30분 동안 폭행이 이어갔습니다. 결국 견디다 못한 피해 학생은 폭행을 피하려다 옥상에서 추락해 사망했습니다. 가해 학생들은 경찰 수사 과정에서 구속되었고, 형사재판을 받게 되었습니다. 형사재판에서 법원은 '1시간 30분에 걸친 장시간의 가혹 행위는 성인도 견디기 힘든 공포라고 판단되며, 가해자들은 피해자가 극단적인 탈출 방법을 선택할 가능성이 있다는 것을 예상할 수 있었다'는 이유로 전원에게 상해치사죄를 적용해 징역 1년 6개월에서 최고 7년의 실형을 선고했습니다.

학교폭력 신고서 예시

학교폭력 신고서

성 명			학년 / 반	
학생과의 관계	① 본인 ② 친구 ③ 보호자( ) ④ 교사( ) ⑤ 기타 ( )			
연 락 처	집		휴대폰	
주 소				
사안을 알게된 경위 (피해·가해 학생일 경우는 제외)				

사안 내용	① 누 가	1학년 3반 이민지, 최미선
	② 언 제	2020년 4월 18일부터 4월 19일까지
	③ 어디서	1학년 3반 앞 복도, 교실 등에서
	④ 무엇을 / 어떻게	2020년 4월 18일 12시에 이민지가 밥을 조금만 달라고 해서 다른 친구들보다 밥을 적게 퍼 주었는데 갑자기 나를 향해 "미친년아, 밥 조금만 푸라고 했잖아"라고 욕을 하며 소리를 질렀고 옆에 있던 미선이가 깔깔대고 웃었다.. 2020년 4월 19일 오후 3시 30분 청소시간에 3반 교실 교탁 근처에서 내가 지나가자 민지가 미선이에게 "아, 쟤만 지나가면 걸레 냄새 나~."라며 내가 들리게 말을 했다.
	⑤ 왜	내가 자신들의 마음에 들지 않는다는 이유로

105

사안 해결에 도움이 될 정보	급식시간에 같은 반 선우, 수영이, 지영이, 소희가 욕하는 것을 들었고, 주변에 우리 반 친구들 5~6명도 들었다.
기 타	(증거자료 있을 시 기재 등) 그날 그날 메모해 둔 기록장

학생 확인서 예시

학생 확인서

* 사안번호:

성명		학년/ 반	/		성별	남 / 여
연락처		학생		보호자		
관련학생		1학년 3반 이민지, 최미선				
사안 내용		※ 피해 받은 사실, 가해한 사실, 목격한 사실 등을 육하원칙에 의거하여 상세히 기재하세요. (필요한 경우 별지 사용)				

2020년 4월 18일 12시

교실 앞 복도에서 내가 급식 담당이라 친구들에게 밥을 퍼 주고 있었다. 민지가 밥을 조금만 달라고 해서 다른 친구들보다 밥을 적게 퍼 주었는데 갑자기 나를 향해 "미친년아, 밥 조금만 푸라고 했잖아!"라고 욕을 하며 소리를 질렀다. 그러자 옆에 있던 미선이가 재미있다는 듯이 깔깔대고 웃었다. 급식 줄에는 선우, 수영이가 있어서 민지가 욕하는 것을 들었고, 또 내 옆에서 같이 급식을 주던 지영이, 소희도 욕하는 것을 들었다. 누가 있었는지 기억은 안 나지만 우리 반 친구들 5~6명, 옆에 4반 친구들도 복도에 있어서 들었을 것이다. 나는 분명히 다른 친구들보다 밥을 조금만 달래서 조금만 퍼 주었는데, 내가 왜 이런 욕을 들어야 하나? 라는 생각에 속상했다. 나는 애들 앞에서 욕을 들은 것이 너무 창피해서 아무 말도 할 수 없었다.

2020년 4월 19일 오후 3시 30분

청소시간에 화장실 청소를 마치고 3반 교실에 들어왔는데 교탁 근처에서 민지, 미선이와 마주쳤다. 그런데 지나가면서 민지는 미선이에게 "아, 쟤만 지나가면 걸레 냄새 나~."라며 내가 들리게 말을 했다. 이름을 이야기하지 않았지만 그때 지나가는 사람이 나밖에 없었고, 일부러 들리게끔 말하는 것이 나를 향해서 냄새가 난다고 말하는 것이었다. 순간 기분이 나빠 뒤를 돌아봤는데 민지와 미선이는 "뭘 봐?"라며 교실 뒤로 갔다. 마주치기만 해도 시비를 걸고 꼽을 주는 민지와 미선이 때문에 학교에 가는 것이 싫다.

필요한 도움	담임선생님– 민지, 미선이가 보복할까 봐 걱정된다. 자리를 떨어 트려 주셨으면 좋겠고, 내 옆에 못 오게 해 주셨으면 좋겠다. 학교– 민지, 미선이가 전학을 가거나 반이 교체되면 좋겠다. 마주 치기 싫다.		
작성일	20 년 월 일	작성 학생	(서명)

3장

사이버폭력

눈에 보이지 않는 폭력

어느 날 새벽, 페이스북 알람에 잠에서 깬 윤아는 같은 반 친구 경민이가 자신을 저격해 '툭하면 이간질하고 남자에 환장한 년', '윤아 목소리가 모기같이 앵앵거리지 않냐? 모기약 뿌려서 죽이고 싶다ㅋㅋ' 등의 비방과 욕설이 담긴 게시글을 올린 것을 보게 되었습니다. 더 놀라운 것은 전체공개로 올라온 이 글에 윤아를 모르는 다른 학교 학생들이 'ㅋㅋㅋ재수없다', '모기약 말고 망치로 부수는 건 어때?' 하는 등의 댓글을 단 것이었습니다. 다음 날 아침이 되자 경민이는 게시글을 삭제했지만 윤아의 괴로움까지 사라진 것은 아니었습니다. 경민이가 게시글에 윤아의 휴대폰 전화번호를 적어 놓았기 때문인지 경민이가 글을 지우고 난 후에도 윤아는 몇 차례나 욕설이 담긴 문자를 받기도 했습니다. 윤아는 이 상황에 어떻게 대처해야 할지 몰라 혼란스럽고, 학교에 가기가 두렵습니다.

알고 보면 더 무서운 사이버 세상

사이버폭력이란?

사이버(cyber)란 현실 세계가 아닌 컴퓨터, 인터넷 등으로 만들어진 가상의 공간을 의미합니다. 그리고 사이버폭력이란 사이버상에서 일어나는 다양한 형태의 모든 폭력을 의미합니다. 스마트폰, 컴퓨터, 태블릿 PC, 게임기 등을 통해 접속해 언제 어디서든 누구에게라도 폭력을 행사할 수 있다는 특징이 있습니다.

사이버폭력이 무서운 이유는 다음과 같습니다. 첫 번째, 사이버폭력은 언제 어디에서나 일어날 수 있습니다. 학교에서 폭력을 당했다면 집에 돌아온 동안에는 잠시 피할 수 있지만, 장소와 시간에 제약을 받지 않는 사이버폭력에는 24시간 동안 노출될 수밖에 없습니다. 두 번째, 사이버폭력은 순식간에 일파만파 퍼질 수 있습니다. 한 교실에서 물리적인 폭력이 이루어졌다면 그 사실이 퍼지는 데 한계가 있지만 사이버폭력은 온라인에서 이루어지는 만큼 같은 학교 학생들은 물론 다른 학교의 학생들, 내가 알지 못하는 다수의 사람에게까지 순식간에 퍼지게 됩니다. 그리고 그만큼 내가 모르는 사람들까지 사이버폭력에 가담할 가능성도 커지게 됩니다. 가해자가 한 명에서 불특정 다수로 확대될 수 있는 것입니다. 세 번째, 사이버폭력은 급속도로 퍼지고, 쉽게 복제되기 때문에 삭제하더라도 오랫동안 남아 있게 됩니다. 가해자의 컴퓨터나 스마트폰, 인터넷 계정이나 메신저 등에서 사이버 폭력물을 지우더라도 이미 유포가 되었다면 누구에게, 어디까지 유포되었는지 파악하기조차 어려울 때가 많습니다. 언제든 다시 유포될 수 있고 온라인상에 영원히 남아 있을 수 있습니다. 마지막으로 가해자가 정체를 숨기고 피해자에게 폭력을 저지르는 것이 가능하다는 점입니다. 오프라인상에서는 섣불리 폭력을 행사하지 못하던 사람도 온라인에서는 더욱 과감하게 공격할 수 있습니다.

신체에 직접 상처를 입히지는 않지만 그럼에도 불구하고 사이버폭력이 일반 폭력보다 결코 가볍다고 말할 수 없는 이유는 바로 이러한 특징들 때문입니다. 오히려 피해자에게는 더 큰 상처와 공포심을 주기도 합니다.

사이버폭력의 유형

- 온라인상에 악성 댓글을 달기
- 휴대폰 문자, 메신저 등으로 상대방에게 욕설, 불안감을 유발하는 문자, 음향, 영상 등을 반복해 보내기
- 특정인을 비하하거나 모욕하는 글을 게시, 유포하기
- 특정인을 비하하고 조롱하는 사진, 합성 사진을 인터넷, SNS에 게시하거나 유포하기
- 특정인에 대한 허위사실이나 사생활에 대한 사실을 인터넷, SNS 등을 통해 공개하기
- 특정인의 아이디, 계정을 해킹해 개인정보를 무단으로 사용하기
- 특정인의 아이디, 계정을 해킹, 도용해 계정의 주인인 것처럼 행세하고 수치심과 고통을 주기
- 상대방이 원치 않은 음란한 내용의 글이나 사진, 동영상을 문자나 메신저 등으로 보내기
- 상대방의 신체 등을 사진, 동영상으로 촬영해 유포하기
- 특정인을 괴롭히고 저격할 목적으로 SNS 계정을 만들거나 인터넷 카페, 유튜브 채널 등을 개설하기

SNS 시대에 맞춰 변화하는 학교폭력
- 사이버따돌림

사이버따돌림이란?

사이버따돌림은 피해 학생들이 언어폭력, 따돌림 다음으로 많이 발생한다고 응답할 만큼 학생들 사이에서 빈번하게 일어나는 폭력 중 하나입니다. 또 오프라인상에서 학교폭력을 가하는 가해 학생들이 온라인상에서도 사이버폭력을 가하는 경우가 많습니다. 이처럼 사이버폭력이 늘어난 이유는 스마트폰이 대중화되면서 SNS와 온라인상에서 소통하는 시간이 늘어났기 때문입니다. 또한 어른의 눈을 피해 교묘하고 은밀한 방법으로 괴롭힐 수 있다는 점도 사이버폭력이 늘어난 이유 중 하나입니다.

학교폭력예방법에서는 사이버폭력과 사이버따돌림도 학교폭력으로 인정하고 있습니다. 그렇기 때문에 일반적인 학교폭력과 마찬가지로 학생들 사이에서 학생을 대상으로 사이버폭력이 발생하면 학교폭력예방법이 적용됩니다.

학교폭력예방법

제2조(정의)

학교폭력이란 학교 내외에서 학생을 대상으로 발생한 상해, 폭행, 감금, 협박, 약취·유인, 명예훼손·모욕, 공갈, 강요·강제적인 심부름 및 성폭력, 따돌림, 사이버따돌림, 정보통신망을 이용한 음란·폭력 정보 등에 의해 신체·정신 또는 재산상의 피해를 수반하는 행위를 말한다.

사이버따돌림이란 인터넷, 휴대전화 등 정보통신기기를 이용해 학생들이 특정 학생들을 대상으로 지속적, 반복적으로 심리적 공격을 가하거나, 특정 학생과 관련된 개인정보 또는 허위사실을 유포해 상대방이 고통을 느끼도록 하는 일체의 행위를 말한다.

학생들 사이에서 자주 발생하는 사이버따돌림의 유형 가해 학생이 부모님, 선생님 등 어른의 눈을 피해 교묘하게 괴롭히다 보니 학생들 사이에서 발생하는 사이버따돌림은 어른들 사이에서의 사이버따돌림과는 조금 다른 모습을 보입니다.

· **저격 글**: 피해 학생의 이름을 특정하지 않았지만 그 내용은 피해 학생을 겨냥해 공격하는 글을 카카오

톡 상태 메시지, 페이스북 등 SNS에 게시하는 것입니다. 피해 학생의 이름이 적혀 있지 않아서 어른들은 눈치채지 못하지만 피해 학생과 주변 친구들은 피해 학생에 대한 저격 글임을 알아챌 수 있습니다.

· **폭력 사진, 동영상을 SNS에 게시하기:** 가해 학생이 피해 학생을 때리고 골탕 먹이는 장면을 사진으로 찍거나 동영상으로 촬영해 남들이 보도록 SNS에 게시합니다. 다른 친구들이나 학교 학생들이 폭력 장면을 보게 함으로써 피해 학생에게는 수치심을 주고 자신의 힘을 과시하기 위한 의도일 때가 많습니다.

· **단체 채팅방에서 공격하기:** 반 단체 채팅방 등 여러 친구들이 참여하고 있는 채팅방에서 피해 학생을 조롱하고 욕을 하거나 피해 학생이 우스꽝스럽게 나온 사진, 피해 학생 몰래 녹음한 대화 녹음 파일 등을 올려서 놀리는 등 공격을 합니다.

· **댓글을 유도해 공격하기:** 페이스북 등 SNS에 피해 학생에 대한 글이나 사진을 게시하고 다른 학생들이 피해 학생을 공격하는 댓글을 달도록 유도합니다. 같은 반, 같은 학교 친구들은 물론 피해 학생을 모르는 다른 학교 학생들까지 악성 댓글을 달게 되고, 피

해 학생은 수십 명의 학생으로부터 집단 공격을 받게 됩니다.

- **아이디, 계정 도용**: 해킹을 하거나, 친하게 지냈을 때 우연히 계정 비밀번호를 알게 된 경우 또는 강제로 피해 학생의 계정 비밀번호를 알려 달라고 한 후 아이디와 계정을 도용합니다. 가해 학생은 피해 학생인 척하며 다른 친구들에게 싸움을 걸거나 음란한 메시지를 보내 피해 학생을 난처하게 만들고 피해 학생 계정에 이상한 글이나 사진을 게시해 피해 학생이 다른 학생들에게 나쁘게 비춰지게 합니다.

- **떼카, 카톡 감옥**: 가해 학생들이 피해 학생을 공격하기 위해 단체 채팅방을 만든 뒤, 피해 학생을 강제로 초대해 집단으로 공격합니다. 피해 학생이 공격을 피하기 위해 채팅방을 나가더라도 가해 학생들은 계속해서 피해 학생을 초대해 강제로 빠져나갈 수 없게 합니다.

- **방폭**: 친하게 지냈던 친구들끼리 소통하던 채팅방에서 피해 학생만 홀로 남겨 두고 가해 학생들만 일제히 방을 나가 버리는 형태로 따돌립니다.

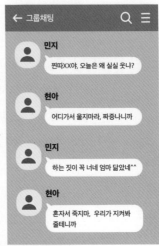

⟨(왼쪽 상단부터) 방폭 – 사이버따돌림 – 카톡 감옥⟩

수영이는 이상한 일을 겪었습니다. 아침에 페이스북을 접속해 보니 밤사이 누군가 수영이 계정으로 여러 명의 남학생에게 메신저를 보내고 대화까지 한 것이었습니다. 대화도 '남자친구를 구합니다', '예전부터 너를 좋아했어', '너랑 키스하고 싶어' 등 낯 뜨거운 내용으로 가득했습니다. 수영이는 재빨리 해당 남학생들에게 내가 보낸 것이 아니라고 해명하는 메시지를 보냈지만, 여전히 오해하는 친구들도 있었습니다. 그뿐만이 아니었습니다. 수영이 페이스북 계정에는 마치 수영이가 찍은 것처럼 보이는 야한 사진도 올라와 있었습니다. 사진 게시물에는 수영이를 비난하고 조롱하는 댓글이 달려 있었습니다. 이뿐만이 아니라 수영이가 전혀 모르는 아저씨들까지도 자기랑 만나 보겠냐는 댓글을 달았습니다. 수영이는 놀라서 사진을 지우고 비밀번호도 바꾸었습니다. 수영이는 부모님께 이 사실을 알리고 학교에도 신고했습니다. 학교폭력대책심의위원회에서 조사해 보니 한 달 전쯤 자신의 스마트폰이 고장났다며 수영이의 스마트폰을 빌려 달라고 했던 선배 언니가 이런 짓을 한 사실이 밝혀졌습니다. 수영이의 스마트폰에서 수영이의 페이스북 계정 아이디와 비밀번호를 알아낸 선배 언니는 수영이인 척하며 계정을 도용했던 것입니다. 선배 언니는 그저 장난이었다고 했지만 학교폭력대책심의위원회에서는 선배 언니에게 출석정지 징계와 함께 졸업할 때까지 수영이에게 접촉하지 말라는 처분을 내렸습니다.

우리를 지키는 법

우리를 노리는 디지털 성범죄

디지털 성범죄란?

디지털 성범죄란 디지털 장비, 정보통신망 등을 이용해 사이버상에서 제작, 유포되는 형식의 성범죄를 의미합니다. 구체적으로는 나체사진이나 성행위 영상 등을 몰래 촬영하거나 촬영하도록 강요하고, 이를 사이버공간에서 여러 사람에게 전달하는 행위 등을 일컫는 것입니다. 최근 N번방, 박사방 사건이 언론에 보도되면서 디지털 성범죄의 잔혹성이 드러나게 되었습니다. 특히 피해자 중에 10대 청소년이 다수 포함되어 있어 더욱 충격을 주었지요. 이는 범죄자들이 스마트폰이나 SNS를 통해 청소년에게 쉽게 접근할 수 있다는 점, 청소년은 위험한 상황임을 인지하고 판단할 수 있는 능력이 어른보다 서투르다는 점을 이유로 범죄의 표적으로 삼았기 때문입니다.

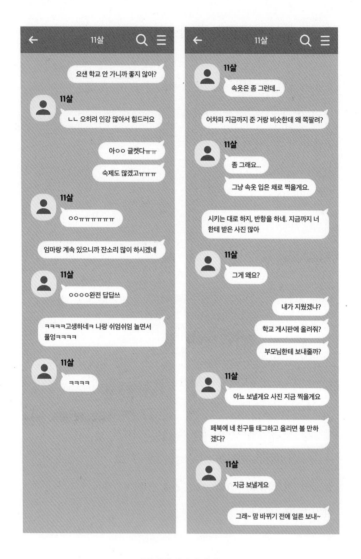

〈디지털 성범죄 사례〉
(좌)신뢰 형성 단계 (우)유포 협박 단계

갈수록 교묘해지는 디지털 성범죄

전국 중·고등학생 학생들을 대상으로 실시한 최근 조사에 따르면, 10명 중 1명이 사이버상에서 원하지 않는 성적 유인 피해를 당한 경험이 있다고 응답했습니다.[10] 특히 '섹트', '일탈계'를 운영하는 친구들의 경우 더욱더 디지털 성범죄의 표적이 되기 쉽습니다. 가해자들은 메신저, SNS, 인터넷 게임 등에서 미성년자인 학생들에게 성을 목적으로 대화를 시도합니다. 자신은 이상한 사람이 아니라며 안심시킨 후 자신과 이런 대화를 나누었다는 사실을 부모님, 친구들에게는 비밀로 해 달라고 요청합니다. 대화를 통해 어린 친구가 어느 정도 친해졌다고 느낄 때쯤 가해자는 음란 사진, 영상 전송을 요구하고 용돈을 주겠다며 밖에서 만날 것을 제안하기까지 합니다. 이는 디지털 성범죄뿐만 아니라 성폭력 등 무서운 범죄로까지 이어질 수 있습니다. 예를 들어 가해자는 스마트폰 게임을 하는 학생에게 말을 걸어 친해진 뒤 이름과 학교를 알아내고, 게임 아이템을 주겠다며 몸 사진을 찍어 보내라고 요구합니다. 몸 사진을 촬영해 보내면 그때부터 이를 빌미로 나체사진, 동영상 등을 요구하고, 피해 학생이 거절하면 학교 홈페이지에 피해 학생을 비난하고 조롱하는 글

---

10 여성가족부, 한국형사정책연구원 2019년 성매매 실태 조사

을 게시하는 식으로 협박해 나체사진, 동영상을 얻어 냅니다. 또 다른 예로 디지털 성범죄 가해자는 SNS를 통해 메신저를 보내 누군가 사진을 합성해서 성인 사이트에 돌아다니고 있다며 링크를 보내는 수법으로 청소년을 속이기도 합니다. 화들짝 놀란 해당 청소년이 링크를 누르는 순간 현재 위치, SNS의 아이디와 패스워드 등이 가해자에게 전송됩니다. 가해자는 자신이 시키는 대로 하지 않으면 다른 사람의 알몸 사진과 프로필 사진을 합성해서 피해 청소년의 지인들에게 뿌릴 것이라고 협박해 성 착취를 합니다. 따라서 사이버상에서 누군가가 호감을 보인다고 하더라도 섣불리 대화를 하거나 요구에 응하지 않는 것이 좋습니다.

디지털 성범죄의 유형

- **동의 없는 성행위 촬영**: 피해자의 성적 행위를 피해자 동의 없이 촬영하는 행위입니다.
- **동의 없는 신체 부위 촬영**: 특정 피해자나 불특정 다수의 신체 부위를 동의 없이 촬영하는 행위입니다. 탈의실, 화장실에서의 몰래카메라가 대표적인 예입니다.
- **성적 촬영물의 동의 없는 유포**: 촬영 당시에는 서로 간에 동의를 하고 성적 행위, 신체 부위를 촬영했으나

이후 피해자의 동의 없이 또는 반대 의사에도 불구하고 유포하는 행위입니다.

· **지인 능욕, 합성 정보(딥페이크)**: 다른 사람의 사진에 성적인 이미지를 합성하거나 성적인 표현을 적는 행위입니다. 피해자의 얼굴에 가슴 노출, 성기 노출, 성행위 장면 등의 이미지를 합성하거나 피해자 사진에 신상정보와 함께 '걸레', '창녀' 등 성적 비하 표현을 적기도 합니다.

· **음란물 전송**: 전화, 휴대폰 문자 메시지, 이메일 등 통신 매체를 통해 피해자에게 성적 수치심이나 혐오감을 주는 말, 글, 그림, 사진, 영상 등을 보내는 행위입니다.

· **'섹트', '일탈계'**: 음란물을 주로 올리는 트위터 계정을 지칭하는 단어로, 음담패설을 나눌 목적으로 계정 주인이 직접 자신의 신체나 유사 성행위 장면을 촬영해서 올립니다. 단순 일탈, 외모 과시에서부터 성매매, 돈을 벌기 위한 수단으로 계정을 운영하고 있습니다.

N번방의 창시자인 가해자 '갓갓'은 트위터의 '일탈계'에 올라온 청소년과 여성들에게 피싱 링크[11]를 보내 그들의 트위터 계정을 해킹했습니다. 이 방법으로 피해자들의 신상정보를 알아낸 '갓갓'은 트위터에서 빼낸 사진, 동영상을 지인들에게 유포하겠다며 협박했습니다. '갓갓'은 경찰을 사칭하는 방법으로 '부모나 학교에 이 사실을 알리겠다. 노예를 하면 없던 일로 해 주겠다'며 협박해 나체사진, 성행위를 하는 동영상 등을 찍어 보내도록 요구하기도 했습니다. 또 다른 가해자 '박사'는 메신저 등에 '스폰서, 피팅 모델, 데이트 아르바이트 모집' 같은 글을 올려 피해자들을 유인했습니다. 그 뒤, 피해자들에게 얼굴이 나오는 나체사진을 받아 이를 빌미로 학교나 부모님께 알리겠다고 협박해 피해자들이 스스로 음란한 행위, 굴욕적인 표정, 수치스러운 행동을 하는 장면을 촬영하도록 했습니다. 피해자는 대부분 미성년자였습니다. '박사'는 이러한 촬영물을 N번방이라는 단체 채팅방에 유포했고, N번방에 입장해 성 착취물을 공유한 사람은 무려 1만 명 ~3만 명에 달하는 것으로 밝혀졌습니다.

---

11 가짜 웹사이트로 접속하게 해 개인정보, 스마트폰상에 저장된 연락처 등을 얻는 수법입니다.

사이버폭력, 어떻게 막을 수 있을까?

사이버폭력 예방하기

··· 사진, 글을 게시하기 전 한 번 더 생각하기

사이버상에 무심코 올린 사진이나 글 때문에 내가 범죄의 타깃이 될 수 있습니다. 앞서 이야기했던 N번방 사건과 같은 디지털 성범죄의 가해자들은 '일탈계', '섹트' 등의 키워드를 검색해 피해 대상을 찾는 경우가 많았습니다. 또한 나는 그럴 의도가 없었다 하더라도 내가 올린 사진이나 글이 명예훼손, 모욕 등의 사이버폭력이 되어 졸지에 가해자가 되는 경우도 있습니다. 나도 모르는 사이에 사이버폭력의 피해자와 가해자가 될 수 있다는 사실을 기억하시기 바랍니다.

··· 로그아웃하기

학교 공용 컴퓨터나 친구 핸드폰, PC방에서 자신의 계정으로 로그인을 했다가 로그아웃을 하지 않아 친구, 다른 누군가가 내 계정에 로그인해 계정 도용을 하는 경우가 빈번하게 일어납니다. 로그아웃을 했어도 자동 로그인 설정이나 아이디, 비밀번호 기억하기 설정을 해 놓아서 예상치 못한 누군가가 계정에 접속한 뒤 계정을 도용해 내 정보와 사진을 모두 빼 갈 수도 있습니다. 따라서 SNS 등 온라인 계정을 사용했다면 반드시 로그아웃하고, 자동 로그인이나 비밀번호 기억하기 설정을 하지 않도록 합니다. 또 친구들이 자신의 스마트폰, 태블릿 PC, 노트북 등을 손쉽게 만질 수 있다면 로그아웃 해 두고 자동으로 로그인되는 설정을 해제해 두는 것이 좋습니다.

··· 비밀번호 알리지 않기

학생들 중에는 친한 친구끼리 서로 비밀번호를 공유하거나 일방적으로 비밀번호를 알려 주는 경우가 많습니다. 그러나 비밀번호를 알게 된 친구가 허락 없이 아무 때나 내 계정에 접속해 비공개된 메신저 대화를 읽고 대화 내용을 캡처하거나 계정을 도용하고 개인정보를 빼낼 수도 있다는 것을 명심해야 합니다. 때로는 여러 SNS, 웹사이트에 동일한 비밀번호를 사용하기 때문에 알아낸 비밀번호로 다른 SNS나 웹사이트까지 접속하기도 합니다. 아무리 친한 친구라도 비밀번호를 알려 주지 않고 비밀번호가 공개되지 않도록 주의합니다. 또 주기적으로 비밀번호를 변경해 주면 사이버폭력을 예방하는 데 도움이 됩니다.

… 모르는 사람이 보낸 메시지나 링크에 접속하지 않기

SNS를 통해 알게 된 사람이 메시지를 보내거나 채팅을 하게 된다면 응답을 하지 않는 것이 가장 좋습니다. 사이버상에서는 상대방이 어떤 사람인지 모를뿐더러 자신의 정체를 속이고 가짜 계정으로 접근할 수 있기 때문입니다. 특히 호감을 보이며 사진을 보내 달라고 하거나 선물이나 돈을 조건으로 신체사진 등을 보내라고 한다면 절대 이에 대해 반응하지 않고 차단해야 합니다. 내가 보낸 신체사진 등은 온라인에 얼마든지 유포될 수 있고, 이를 빌미로 협박을 하는 등 범죄의 표적이 될 수 있습니다.

사이버폭력이 발생했을 때

··· 사이버폭력 장면을 캡처해 보관하기

사이버폭력을 당하게 되면 당황스럽고 그 상황을 견디기 힘들어 단체 채팅방을 나가 버리거나 삭제하고 SNS를 탈퇴해 버리는 피해자 친구들이 많이 있습니다. 물론 그 마음은 이해하지만 한번 지워 버린 사이버상의 내용을 다시 복구하기란 무척 어렵습니다. 또 나는 이미 삭제해서 가지고 있지 않은데 가해자는 대화 내용 등을 가지고 있는 경우, 신고나 고소를 진행할 때 자신에게 유리한 부분만 교묘하게 편집해 제출할 수도 있습니다. 사이버폭력은 흔적이 고스란히 남는다는 점에서 입증하기 쉬운 폭력 중 하나입니다. 꼭 화면을 캡처하고 되도록 대화 채팅방이나 SNS 계정을 그대로 남겨 두되, 힘들다면 가해자를 차단하거나 SNS 계정에 접속하지 않은 채 두는 것이 좋습니다. 캡처할 때는 날짜와 시간, 게시한 SNS가 무엇인지 보이도록 전체화면을 캡처합니다. 또 게시물에 댓글이 달려 있다면 댓글들도 함께 캡처해 둡니다. 만약 휴대폰 문자나 메신저, 채팅방에서 사이버폭력이 발생했다면 사이버폭력이 발생한 순간만을 캡처하지 말고 전후의 대화 내용과 그 채팅방에 누가 있었는지, 날짜와 시간은 언제인지 등을 순서대로 모두 캡처해 두도록 합니다. 상대방이 사진, 그림, 동영상 등을 게시한 경우에는 해당 화면도 캡처하고 사진과 그림, 동영상을 저장해 보관합니다.

··· 맞대응하지 않기

상대방의 사이버폭력에 화가 나서 같이 욕을 하거나 상대방에게 같은 방식으로 공격을 하고 싶은 마음이 들 수 있습니다. 그러나 이렇게 맞대응을 하게 되면 나의 피해를 제대로 알릴 수 없게 되고 졸지에 나 역시 가해자가 되기 쉽습니다. 아무리 내가 먼저 사이버폭력을 당했더라도 학교나 수사기관이 보기에는 서로 똑같이 싸우는 것으로 비춰질 수밖에 없습니다. 따라서 가해자의 사이버폭력에 맞대응하지 않아야 합니다.

··· 기록하기

학교폭력과 마찬가지로 사이버폭력의 경우에도 육하원칙을 기본으로 언제, 어디서, 누가, 왜, 무엇을, 어떻게 했는지 등 사이버폭력을 겪은 당시의 상황을 최대한 상세히 작성해 두도록 합니다. 단체 채팅방이라면 채팅방에 누가 있었는지, SNS 계정이라면 SNS에 적힌 글과 사진, 그리고 그곳에 달린 댓글 작성자와 내용은 무엇인지, 그때 내 마음은 어땠는지 등을 기록합니다(73쪽 '기록하기' 참고).

··· 부모님이나 어른에게 알리기

사이버폭력은 청소년이 자주 이용하는 스마트폰이나 SNS상에서 주로 이루어지기 때문에 어른의 눈을 피하기 쉽습니다. 피해 학생이 부모님이나 선생님 등 어른에게 사이버폭력 사실을 알리는 것만으로도 가해자는 들켰다고 생각해서 사이버폭력을 멈추는 경우가 많습니다. 따라서 학교폭력과 마찬가지로 부모님, 선생님 등 믿을 만한 어른에게 피해 사실을 알려 도움을 구해야 합니다.

··· 신고하기

사이버폭력도 학교폭력 신고 절차에 따라 신고를 할 수 있으므로 학교폭력 신고 방법을 참고하기 바랍니다(77~79쪽 '신고하기' 참고). 그 밖에 사이버폭력을 신고할 수 있는 방법은 다음과 같습니다.

▶ 사이버안전지킴이: 인터넷에 '사이버안전지킴이'를 검색해 '사이버 범죄 신고/상담' 코너를 통해 상담, 신고하기
▶ 사이버 캅 애플리케이션: 경찰청 '사이버 캅' 애플리케이션을 통해 피싱 링크, 가짜 사이트 등을 확인한 후에 사이버폭력 상담, 신고하기
▶ 경찰에 전화로 신고하기: 112, 117로 신고하기
▶ 경찰서에 신고(고소)하기: 경찰서에 방문해 고소장을 작성한 후 민원실, 사이버수사팀에 신고, 고소하기

　　　내가 아닌 다른 친구가 사이버폭력을 당하는 모습을 목격했을 때도 신고가 가능합니다. 만약 신고하는 것이 어렵다면 적어도 가해자에게 동조하거나 가해자를 따라하는 등의 행동은 하지 말아야 합니다. 단체 채팅방에서 특정 친구를 공격하거나 SNS상에서 누군가를 공격, 저격하는 것을 보게 되었을 때 가해 학생에게 이 상황이 문제가 될 수 있음을 지적합니다. 그것이 힘들다면 적어도 무관심으로 일관해 가해자가 도리어 민망함을 느끼도록 해야 합니다. 그리고 피해 학생이 사이버폭력을 당한 사실을 모르는 경우가 있는데, 이때 피해 학생에게 사실을 알려 주어서 더 큰 피해를 입지 않도록 도와줍니다.

디지털 성범죄가 발생했을 때

… 가해자의 요구에 응하지 않기

디지털 성범죄의 피해자 친구들은 부모님이나 주변에 알려질까 봐 무서워서 가해자가 요구하는 대로 촬영물 등을 전송합니다. 그런데 이는 또다시 협박의 수단이 되어 버립니다. 가해자는 갈수록 요구하는 것이 많아지기 때문입니다. 이렇듯 가해자의 요구에 응하다 보면 나중에는 돌이킬 수 없는 상황까지 이르게 됩니다. 피해자 친구들은 자신의 잘못으로 이렇게 되었다는 생각에 더더욱 신고하거나 부모님께 알리지 못하고 계속해서 불안에 떨기만 합니다. 하지만 디지털 성범죄는 가해자의 잘못이지 결코 피해자의 잘못이 아닙니다. 설령 가해자가 부모님과 학교에 사진이나 영상을 퍼트렸다고 하더라도 경찰에 신속히 신고하면 추가로 퍼트려지는 것을 막을 수 있고 경찰청과 디지털 성범죄 피해자 지원센터의 불법 촬영물 추적 시스템을 이용해 유포된 촬영물을 삭제해 2차 피해를 예방할 수 있습니다. 따라서 가해자가 사진 등을 부모님과 학교에 퍼트리겠다고 협박하면서 다른 신체사진이나 동영상 촬영물을 요구하더라도 절대 응해서는 안 됩니다.

┄ 캡처해 보관하기

사이버폭력과 마찬가지로 가해자가 보낸 메시지, 가해자와 대화를 나눈 채팅방이 있으면 삭제하지 말고 캡처해서 보관해 두도록 합니다.

┄ 부모님께 알리기

디지털 성범죄의 피해를 입었을 경우 대다수의 친구들은 창피하고, 수치스러워 부모님께 털어놓지 못하곤 합니다. 그러나 디지털 성범죄는 혼자서 해결하기 어려운 범죄입니다. 당장 디지털 성범죄 피해 사실을 알리는 것보다 혼자서 해결하려고 했다가 더 큰 피해를 입는 일이 부모님의 마음을 더욱 아프게 하는 일입니다. 그러니 용기를 내어 꼭 부모님에게 알리고 도움을 받도록 합니다.

┄ 경찰에 신고, 고소하기

디지털 성범죄는 가해자가 내 주변의 지인일 수도 있고, 전혀 모르는 사람일 수 있습니다. 게다가 워낙 자신을 드러내지 않고 범행을 저지르는 경우가 많기 때문에 경찰, 검찰 등 전문 수사기관의 도움을 반드시 받아야 합니다. 만일 사진, 동영상 등이 유포되었다면 더욱 확산되는 것을 막기 위해서라도 경찰에 알리는 것이 중요합니다. 디지털 성범죄는 매우 중한 범죄행위입니다. 주저하지 말고 부모님의 도움을 받아 꼭 경찰에 신고, 고소를 하도록 합니다.

나를 지켜 주는 법

학교폭력예방법

학교폭력예방법에서는 학생들 사이에서 발생한 사이버폭력과 디지털 성범죄 역시 학교폭력으로 정의하고 있습니다. 따라서 학교폭력예방법에 따라 가해 학생에게는 징계를 내리고 피해 학생은 보호조치를 받을 수 있습니다(86쪽 '학교폭력 처리 절차' 참고). 특히 디지털 성범죄의 경우 학교에서는 가해 학생에 대한 징계와 별도로 수사기관에 범죄가 발생했다는 사실을 의무적으로 신고해야 하기 때문에 피해 학생과 부모님이 직접 신고하지 않더라도 경찰의 조사가 이루어지게 됩니다.

> **아동·청소년의 성 보호에 관한 법률**
> 제34조(아동·청소년 대상 성범죄의 신고)
> ① 누구든지 아동·청소년 대상 성범죄의 발생 사실을 알게 된 때는 수사기관에 신고할 수 있다.
> ② 다음 각 호의 어느 하나에 해당하는 기관·시설 또는 단체의 장과

그 종사자는 직무상 아동·청소년 대상 성범죄의 발생 사실을 알게 된 때는 즉시 수사기관에 신고해야 한다.

2. 「초·중등교육법」 제2조의 학교 및 「고등교육법」 제2조의 학교

제67조(과태료)

④ 제34조 제2항 각 호의 어느 하나에 해당하는 기관·시설 또는 단체의 장과 그 종사자가 직무상 아동·청소년 대상 성범죄 사실을 알고 수사기관에 신고하지 아니하거나 거짓으로 신고한 경우에는 300만 원 이하의 과태료를 부과한다.

각 유형별 처벌 규정

사이버폭력과 디지털 성범죄 역시 형법 등에서 정한 범죄에 해당하므로 신고 또는 고소된 경우 범죄행위로서 보호처분 또는 형사처벌을 받을 수 있습니다. 해당 유형별 처벌 규정은 아래와 같습니다.

사이버폭력

… **사이버상에서 조롱, 비난 등의 글, 댓글, 사진 등을 게시한 경우**

· **모욕죄(형법 제311조):** 공연히 사람을 모욕한 자는 1년 이하의 징역이나 금고 또는 200만 원 이하의 벌

금에 처한다.

··· 사이버상에서 명예를 훼손한 경우

· **정보통신망법위반죄(명예훼손)(정보통신망 이용촉진 및 정보보호 등에 관한 법률 제70조):** ① 사람을 비방할 목적으로 정보통신망을 통해 공공연하게 사실을 드러내어 다른 사람의 명예를 훼손한 자는 3년 이하의 징역 또는 3천만 원 이하의 벌금에 처한다. ② 사람을 비방할 목적으로 정보통신망을 통해 공공연하게 거짓의 사실을 드러내어 다른 사람의 명예를 훼손한 자는 7년 이하의 징역, 10년 이하의 자격정지 또는 5천만 원 이하의 벌금에 처한다.

··· 계정을 허락 없이 해킹, 접속한 경우

· **정보통신망법위반죄(정보통신망 이용촉진 및 정보보호 등에 관한 법률 제71조):** ① 다음 각 호의 어느 하나에 해당하는 자는 5년 이하의 징역 또는 5천만 원 이하의 벌금에 처한다.

　9. 제48조제1항을 위반해 정보통신망에 침입한 자

　제48조(정보통신망 침해행위 등의 금지) ① 누구

든지 정당한 접근권한 없이 또는 허용된 접근권
한을 넘어 정보통신망에 침입해서는 아니 된다.

… 계정에 접속해 메신저 등을 훔쳐본 경우

· **정보통신망법위반죄(정보통신망 이용촉진 및 정보보호 등에
관한 법률 제71조):** ① 다음 각 호의 어느 하나에 해당
하는 자는 5년 이하의 징역 또는 5천만 원 이하의
벌금에 처한다.

11. 제49조를 위반해 타인의 정보를 훼손하거나
타인의 비밀을 침해·도용 또는 누설한 자

제49조(비밀 등의 보호) 누구든지 정보통신망에
의해 처리·보관 또는 전송되는 타인의 정보를 훼
손하거나 타인의 비밀을 침해·도용 또는 누설해
서는 아니 된다.

… 휴대폰 문자, 메신저 등으로 불안감을 유발하는 문
자, 소리, 영상을 반복해 보내 괴롭히는 경우

· **정보통신망법위반죄(정보통신망 이용촉진 및 정보보호 등
에 관한 법률 제74조):** ① 다음 각 호의 어느 하나에 해
당하는 자는 1년 이하의 징역 또는 1천만 원 이하의

벌금에 처한다.

3. 제44조의 7 제1항 제3호를 위반해 공포심이나 불안감을 유발하는 부호·문언·음향·화상 또는 영상을 반복적으로 상대방에게 도달하게 한 자

제44조의 7(불법정보의 유통금지 등) ① 누구든지 정보통신망을 통해 다음 각 호의 어느 하나에 해당하는 정보를 유통해서는 아니 된다.

3. 공포심이나 불안감을 유발하는 부호·문언·음향·화상 또는 영상을 반복적으로 상대방에게 도달하도록 하는 내용의 정보

디지털 성범죄

…동의 없이 성행위, 신체 부위 등을 카메라로 촬영한 경우

· **성폭력특별법위반죄(카메라 등을 이용한 촬영) (성폭력범죄의 처벌 등에 관한 특례법 제14조):** ① 카메라나 그 밖에 이와 유사한 기능을 갖춘 기계장치를 이용해 성적 욕망 또는 수치심을 유발할 수 있는 사람의 신체를 촬영대상자의 의사에 반해 촬영한 자는 7년 이하의 징역 또는 5천만 원 이하의 벌금에 처한다.

··· 성행위, 신체 부위 영상, 사진 등을 동의 없이 유포한 경우

· **성폭력특별법위반죄(성폭력범죄의 처벌 등에 관한 특례법 제14조):** ② 제1항에 따른 촬영물 또는 복제물(복제물의 복제물을 포함한다. 이하 이 조에서 같다)을 반포·판매·임대·제공 또는 공공연하게 전시·상영(이하 반포 등이라 한다)한 자 또는 제1항의 촬영이 촬영 당시에는 촬영대상자의 의사에 반하지 아니한 경우(자신의 신체를 직접 촬영한 경우를 포함한다)에도 사후에 그 촬영물 또는 복제물을 촬영대상자의 의사에 반해 반포 등을 한 자는 7년 이하의 징역 또는 5천만 원 이하의 벌금에 처한다. ③ 영리를 목적으로 촬영대상자의 의사에 반해 정보통신망을 이용해 제2항의 죄를 범한 자는 3년 이상의 유기징역에 처한다.

··· 법 촬영물 또는 복제물을 소지, 구입, 저장, 시청한 경우

· **성폭력특별법위반죄(성폭력범죄의 처벌 등에 관한 특례법 제14조):** ④ 제1항 또는 제2항의 촬영물 또는 복제물

을 소지·구입·저장 또는 시청한 자는 3년 이하의
징역 또는 3천만 원 이하의 벌금에 처한다.

⋯ 음란물에 피해자의 얼굴, 신체 등을 합성한 경우

· **성폭력특별법위반죄(허위 영상물 등의 반포 등)(성폭력범죄의 처벌 등에 관한 특례법 제14조의 2):** ① 반포 등을 할 목적으로 사람의 얼굴·신체 또는 음성을 대상으로 한 촬영물·영상물 또는 음성물을 영상물 등의 대상자의 의사에 반해 성적 욕망 또는 수치심을 유발할 수 있는 형태로 편집·합성 또는 가공한 자는 5년 이하의 징역 또는 5천만 원 이하의 벌금에 처한다. ② 제1항에 따른 편집물·합성물·가공물 또는 복제물을 반포 등을 한 자 또는 제1항의 편집 등을 할 당시에는 영상물 등의 대상자의 의사에 반하지 아니한 경우에도 사후에 그 편집물 등 또는 복제물을 영상물 등의 대상자의 의사에 반해 반포 등을 한 자는 5년 이하의 징역 또는 5천만 원 이하의 벌금에 처한다. ③ 영리를 목적으로 영상물 등의 대상자의 의사에 반해 정보통신망을 이용해 제2항의 죄를 범한 자는 7년 이하의 징역에 처한다.

… 불법 촬영물을 빌미로 협박, 강요한 경우

· 성폭력특별법위반죄(협박, 강요)(성폭력범죄의 처벌 등에 관한 특례법 제14조의 3): ① 성적 욕망 또는 수치심을 유발할 수 있는 촬영물 또는 복제물(복제물의 복제물을 포함한다)을 이용해 사람을 협박한 자는 1년 이상의 유기징역에 처한다. ② 제1항에 따른 협박으로 사람의 권리행사를 방해하거나 의무 없는 일을 하게 한 자는 3년 이상의 유기징역에 처한다.

… 아동·청소년을 대상으로 성 착취물을 제작, 유포, 소지, 시청한 경우

· 청소년성보호법위반죄(아동·청소년 성 착취물의 제작, 배포 등)(아동·청소년의 성 보호에 관한 법률 제11조): ① 아동·청소년 성 착취물을 제작·수입 또는 수출한 자는 무기징역 또는 5년 이상의 유기징역에 처한다. ② 영리를 목적으로 아동·청소년 성 착취물을 판매·대여·배포·제공하거나 이를 목적으로 소지·운반·광고·소개하거나 공연히 전시 또는 상영한 자는 5년 이상의 징역에 처한다. ③ 아동·청소년 성 착취물을 배포·제공하거나 이를 목적으로 광고·소개하

거나 공연히 전시 또는 상영한 자는 3년 이상의 징역에 처한다. ④ 아동·청소년 성 착취물을 제작할 것이라는 정황을 알면서 아동·청소년을 아동·청소년 성 착취물의 제작자에게 알선한 자는 3년 이상의 징역에 처한다. ⑤ 아동·청소년 성 착취물을 구입하거나 아동·청소년 성 착취물임을 알면서 이를 소지·시청한 자는 1년 이상의 징역에 처한다.

… 아동·청소년에 대한 성 착취 목적의 대화를 한 경우

· **청소년성보호법위반죄(아동·청소년에 대한 성 착취 목적 대화 등)(아동·청소년의 성 보호에 관한 법률 제15조의 2):** ① 19세 이상의 사람이 성적 착취를 목적으로 정보통신망을 통하여 아동·청소년에게 다음 각 호의 어느 하나에 해당하는 행위를 한 경우에는 3년 이하의 징역 또는 3천만 원 이하의 벌금에 처한다.

　1. 성적 욕망이나 수치심 또는 혐오감을 유발할 수 있는 대화를 지속적 또는 반복적으로 하거나 그러한 대화에 지속적 또는 반복적으로 참여시키는 행위

　2. 성교 행위, 유사 성교 행위, 신체의 전부 또는

일부를 접촉·노출하는 행위로서 일반인의 성적 수치심이나 혐오감을 일으키는 행위, 자위 행위를 하도록 유인·권유하는 행위

② 19세 이상의 사람이 정보통신망을 통하여 16세 미만인 아동·청소년에게 제1항 각 호의 어느 하나에 해당하는 행위를 한 경우 제1항과 동일한 형으로 처벌한다.

··· **음란한 글, 그림, 사진, 영상을 사이버상에 게시, 유포한 경우**

· **정보통신망법위반죄(정보통신망 이용촉진 및 정보보호 등에 관한 법률 제74조):** ① 다음 각 호의 어느 하나에 해당하는 자는 1년 이하의 징역 또는 1천만 원 이하의 벌금에 처한다.

2. 제44조의 7 제1항 제1호를 위반해 음란한 부호·문언·음향·화상 또는 영상을 배포·판매·임대하거나 공공연하게 전시한 자

제44조의 7(불법정보의 유통금지 등) ① 누구든지 정보통신망을 통해 다음 각 호의 어느 하나에 해당하는 정보를 유통해서는 아니 된다.

1. 음란한 부호·문언·음향·화상 또는 영상을 배
포·판매·임대하거나 공공연하게 전시하는 내용
의 정보

경찰에 신고했을 때 절차와 보호방법
… 고소에서 재판까지
학생들 사이에서 사이버폭력이나 디지털 성범죄가 발
생하여 경찰에 신고할 경우, 앞서 설명한 학교폭력과
마찬가지의 절차를 거치게 됩니다(99쪽 '경찰에 신고했을 때 절
차와 보호방법' 참고). 가해자가 미성년자이든 성인이든 동일
하게 경찰, 검찰에서는 피해자의 피해 사실을 확인하고
가해자의 IP 등을 추적해 가해자를 검거하게 됩니다.
이후 가지고 있는 사이버폭력의 증거와 함께 가해자의
휴대폰, 컴퓨터 등을 압수해 디지털 포렌식[12]을 통해
어떤 불법 촬영물 등을 소지하거나 혹은 유포했는지
증거를 찾은 뒤 위 범죄 처벌 규정을 적용해 재판으로
넘기게 됩니다. 미성년자라면 사안의 심각성에 따라 소

---

12 컴퓨터나 노트북, 휴대폰 등 저장매체나 각종 디지털 데이터 및 통화기록,
접속기록, 대화내용 등의 정보를 수집, 분석해 범죄의 단서를 찾는 수사기법을
의미합니다.

년재판으로 가서 보호처분을 받거나 형사재판으로 가서 성인과 마찬가지로 형사처벌을 받기도 합니다.

··· 경찰에 신고하면 어떤 도움을 받을 수 있을까?

디지털 성범죄의 경우 피해 신고를 하면 여성 피해자는 전담 여성 경찰관이, 남성 피해자는 전담 남성 경찰관이 피해자 보호를 지원합니다. 피해자에게 변호사가 없는 경우 수사기관은 국선변호인을 선정해 줄 수 있는데(성폭력 범죄의 처벌 등에 관한 특례법 제27조 제6항) 형사 절차에서 변호사의 도움을 받고 2차 피해를 방지할 수 있습니다. 또한 불법 촬영물에 대한 보안이 철저히 유지되며, 신상이 노출되는 것이 걱정된다면 가명으로 조사를 받을 수도 있습니다. 수사기관에서 피해 진술을 할 때 혼자 진술이 어려운 경우에는 부모님, 가족 등과 함께 참석할 수 있습니다.

피해 진술 이후 가해자의 보복이 우려되는 경우 SOS 버튼을 누르면 경찰관이 바로 현장에 출동할 수 있도록 긴급호출이 가능한 위치 확인 장치(긴급 호출 스마트 워치)를 지급받을 수 있고, 경찰이 피해자 집 주변의 순찰을 강화하는 등 신변 보호를 받을 수 있습니다.

또 경찰청과 디지털 성범죄 피해자 지원센터에서는 불법 촬영물 추적 시스템을 이용해 유포된 촬영물을 삭제하고, 사후에도 모니터링을 통해 추가적인 유포가 발생하지 않게 도와줍니다.

… 사이버폭력 및 디지털 성범죄 피해자 지원기관

사이버폭력 및 디지털 성범죄 피해자는 해당 지원 기관을 통해 다양한 상담과 지원을 받을 수 있습니다.

디지털 성범죄 피해자 지원 센터	디지털 성범죄로 피해를 입은 피해자에게 상담을 지원하고, 불법 촬영물에 대한 삭제를 도와주고 있습니다. 또한 수사 단계에서 무료로 법적 조력을 받을 수 있게 하고 의료 지원도 연계해 도움을 받게 합니다. 상담은 전화 상담(02-735-8994)과 홈페이지(https://d4u.stop.or.kr/) 를 통한 온라인 상담이 가능합니다.
여성긴급전화 1366	여성·아동·청소년 피해자가 365일 24시간 언제든지 피해 상담을 받을 수 있도록 마련되어 있습니다. 여성긴급전화 1366은 상담 및 가까운 상담소, 보호시설, 112, 119 등에서 즉시 도움을 받을 수 있도록 하며 전문 상담소, 경찰, 병원, 법률기관과 연계해 피해자를 지원합니다. 국번 없이 1366 또는 특정 지역의 상담 요청 시 해당 지역 지역번호를 함께 누르고 1366으로 전화하면 됩니다.

법정으로 간 사이버폭력, 디지털 성범죄

사례1 **친구의 나체사진을 촬영하고 단체 채팅방에 올린 사건**

A 군은 피해자와 중학교 2학년 친구 사이였습니다. 2015년 12월경, A 군은 남자 사우나실에서 알몸인 피해자를 뒤에서 붙잡은 뒤, 다른 친구에게 '네가 피해자를 찍지 않으면 너를 찍겠다'라고해 피해자의 의사에 반해 친구 소유의 휴대폰으로 피해자의 알몸을 찍게 했습니다. 또 며칠 뒤 같은 남자 사우나실에서 피해자가 샤워를 하고 있던 도중에 A 군은 휴대폰으로 피해자가 샤워하고 있던 알몸을 4차례 촬영했고, 피해자의 알몸사진을 페이스북 단체 채팅방에 올려 유포했습니다. 결국 A 군은 사이버폭력으로 학교에서 강제전학 처분이 내려졌고, 학교의 신고에 따라 경찰 조사를 받게 되었습니다. 그리고 소년재판에서는 A 군에 대해 성폭력 범죄의 처벌 등에 관한 특례법 위반(카메라 이용 촬영) 교사, 성폭력 범죄의 처벌 등에 관한 특례법 위반(카메라 이용 촬영)으로 1호 보호자 감호 위탁 보호처분을 내렸습니다.

또래 여학생을 협박해 성 착취물을 제작하고 퍼뜨린 여중생

2020년 6월경, 중학교 3학년생인 B 양은 모바일 게임을 하다 알게 된 또래 피해자 여학생에게 두 달간 성 착취물을 촬영하도록 강요해 수십 개의 동영상 및 사진 파일을 전송받고 이를 SNS와 지인에게 유포했습니다. B 양은 수사기관의 조사에서 과거 자신이 채팅에서 만난 남자로부터 비슷한 피해를 당했고, 자신이 입은 피해를 다른 사람에게 똑같이 겪게 해 줌으로써 보상받고 싶어 범행을 저지르게 되었다고 진술했습니다. 법원은 '범행으로 피해자가 큰 정신적 고통을 겪거나 현재도 겪고 있을 것으로 보이며 피해 동영상이 유포된 이상 계속 불특정 다수에게 더 유포되거나 재생산될 우려가 있어 앞으로도 지속적 피해 발생 우려가 있다', '피고인이 더 반성할 시간을 갖는 것이 피고인의 장래에도 더 좋다고 판단했다'며 B 양에 대해 아동·청소년의 성 보호에 관한 법률 위반죄(음란물 제작, 배포)로 징역 3년의 처벌을 내렸습니다.

사이버폭력 및 디지털 성범죄 피해자 지원기관

디지털 성범죄 피해자 지원 센터
디지털 성범죄로 피해를 입은 피해자에게 상담을 지원하고, 불법 촬영물에 대한 삭제를 도와주고 있습니다. 또한 수사단계에서 무료로 법적 조력을 받을 수 있게 하고 의료 지원도 연계해 도움을 받게 합니다. 상담 신청은 전화(02-735-8994)와 홈페이지(https://d4u.stop.or.kr/)를 통해 가능합니다.
여성긴급전화 1366
여성·아동·청소년 피해자가 365일 24시간 언제든지 피해 상담을 받을 수 있도록 마련되어 있습니다. 여성긴급전화 1366은 상담 및 가까운 상담소, 보호시설, 112, 119 등에서 즉시 도움을 받을 수 있도록 하며 전문 상담소, 경찰, 병원, 법률기관과 연계해 피해자를 지원합니다. 국번 없이 1366 또는 특정 지역의 상담 요청 시 해당 지역 지역번호를 함께 누르고 1366으로 전화하면 됩니다.

고민되는 이성친구와의 스킨십

중학교 3학년인 예나는 같은 반의 건우와 교제한 지 6개월이 되었습니다. 사귀다 보니 자연스럽게 손을 잡고 입맞춤도 했습니다. 예나와 친한 친구 유주도 서진이와 잘 사귀는 줄로만 알았는데, 사귄 지 한 달도 되지 않아 헤어졌다는 이야기를 들려주었습니다. 그런데 얼마 후 SNS상에 유주와 서진이가 성관계를 했다는 소문이 퍼졌습니다. 깜짝 놀란 예나가 유주에게 이 사실을 알려 주니, 유주는 소문이 맞다며 털어놓았습니다. 서진이가 성관계를 하자고 했는데 평소에도 장난이라면서 여러 번 때리려고 했던 서진이가 무서워 승낙할 수밖에 없었고, 반강제로 관계를 맺었다고요. 그 일이 있고 그날 오후 유주는 서진이에게 곧바로 헤어지자고 말했습니다. 이에 앙심을 품은 서진이가 자신의 친구들에게 유주와 성관계를 했다는 사실을 이야기했고, SNS에까지 소문이 퍼지게 된 것이었습니다. 유주는 원치 않는 성관계를 맺었다는 사실에 친구들의 수군거림까지 더해져 무척 힘들어했습니다. 예나는 힘들어하는 유주가 안쓰러웠습니다.

그러던 어느 날, 건우와 단둘이 노래방에서 노는데 건우가 예나의 가슴을 만졌습니다. 예나는 조금 놀랐지만 건우는 '사귀는 사이에 뭐 어때'라고 합니다. 사실 예나도 건우랑 사귈수록 점

점 더 건우가 좋아져서 이런 스킨십이 싫지는 않습니다. 학생이
어도 서로 좋아하면 스킨십을 하고 성관계까지 해도 되지 않을
까? 라는 생각이 들지만, 유주를 떠올리니 걱정도 됩니다.

너의 잘못이 아니야

성폭력이란?

초등학교 고학년부터 중학생을 거치며 우리는 2차 성징으로 몸의 변화를 맞이하게 됩니다. 나와 이성이 신체적으로 다르다는 것을 알게 되고, 이성 간에는 물론 동성 친구들끼리도 신체적으로 접촉하는 것이 어색하게 느껴지기도 합니다. 때로는 호감이 가는 이성과 친해지고 싶고 앞서 본 예나와 건우처럼 더 나아가 스킨십을 하고 싶다는 생각이 들기도 합니다. 2차 성징을 거치며 누구나 성에 대한 욕구, 즉 '성욕'을 갖게 됩니다. 그러나 성욕은 다른 사람의 권리를 침해하지 않고 해소해야 하며, 내 권리 역시도 다른 누군가가 침해해서는 안 됩니다.

우리는 모두 '성적 자기 결정권'을 가지고 있습니다. 성적 자기 결정권이란 다른 누군가에 의해 강요받거나 침해받지 않으면서 자신의 의지와 판단에 따라 책임 있게 자신의 성적 행동을 결정하고 선택할 권리를 의미합니다. 이러한 성적 자기 결정권에 따라 모든 사람은 자신이 원하지 않는 성적 행위를 거부할 수 있으며 나 또한 마찬가지로 상대방이 원하지 않는 성적 행위는 아무리 사소한 것이라도 강요해서는 안 되는 것입니다. 그것이 강요로 이어지는 경우를 바로 성폭력이라고 합니다. 상대방의 의사에 반해 성적 자기 결정권을 침해하는 성폭력은 '성'과 관련된 모든 폭력을 의미합니다. 성폭력은 강제적인 신체적 접촉뿐만 아니라 상대방에게 수치심을 주는 말과 행동으로 성적 자기 결정권을 침해하는 모든 행위를 뜻합니다.

간혹 성폭력의 피해를 입은 친구들 중 자신이 잘못된 선택을 해서, 혹은 적극적으로 대항하지 못해 이런 일을 겪었다고 생각하며 자신을 탓하는 친구들이 있습니다. 심지어는 가해자의 타깃이 된 것조차도 자신의 잘못이라며 스스로를 원망하기도 합니다. 그러나 성별에 상관없이, 누구나 성폭력의 피해자가 될 수 있습니다. 특히 미성년자인 친구들은 성적 자기 결정권에 대해 아직 현명한 판단을 하기 어렵기에 법에서는 미성년자 친구들의 성을 더 강하게 보호하고 있습니다. 성폭력은 어디까지나 가해자의 잘못이지 피해자의 잘못이 아닙니다. 그러니 성폭력을 겪게 되었더라도 자책하거나 스스로를 원망하지 않도록 합니다. 또한 성폭력은 결코 혼자서 해결할 수 있는 문제가 아닙니다. 부모님이나 친구 등에게 성폭력 피해 사실을 이야기하는 것은 무척 어려운 일일 테지만, 2차 피해를 막고 법의 보호를 받기 위해서는 용기 내어 피해 사실을 알리고 적절한 도움을 받는 것이 중요합니다.

성폭력의 유형

- **강간**: 폭행 또는 협박 등으로 상대방이 반항하는 것을 곤란하게 해 가해자가 자신의 성기를 피해자의 성기에 삽입하는 행위입니다.
- **유사 강간**: 폭행 또는 협박 등으로 상대방이 반항하는 것을 곤란하게 해 성기가 아닌 다른 신체 부위에 성기를 넣거나 신체의 일부 또는 도구를 넣는 행위입니다.
- **강제추행(성추행)**: 폭행 또는 협박을 해 가슴, 엉덩이, 성기 부위 및 신체 부위를 만지거나 접촉하는 행위입니다. 폭행, 또는 협박이 없더라도 상대방의 동의 없이 갑자기 신체 부위를 만지거나 접촉하는 것도 강제추행에 해당합니다.
- **준강간, 준강제추행**: 상대방이 잠이 들거나, 술에 취하

는 등 반항이 불가능한 상태를 이용해서 강간 또는 추행을 하는 행위입니다.

- **미성년자에 대한 간음(성관계), 추행**: 만 13세 미만의 미성년자와 성관계를 하거나 신체 부위를 만지는 추행을 한 경우 미성년자의 동의가 있었더라도 미성년자에 대한 간음, 추행으로서 성폭력에 해당합니다. 또 만 13세 이상~만 16세 미만의 미성년자에 대해 성관계를 하거나 신체 부위를 만지는 추행을 한 성인(만 19세 이상)은 미성년자의 동의가 있었더라도 미성년자에 대한 간음, 추행으로서 성폭력에 해당합니다. 만 16세 미만의 미성년자 친구들은 아직 미성숙해 자신의 성적 자기 결정권에 대해 현명한 판단이 어렵기 때문에 비록 동의를 했더라도 성폭력으로 판단합니다.

- **미성년자에 대해 위계 또는 위력을 이용한 간음(성관계), 추행**: 미성년자를 속여 착각을 일으켜 동의를 얻거나 보호하는 지위 등을 이용해 거절하지 못하게 한 후 미성년자와 간음, 추행을 하는 행위입니다.

- **성적 목적을 위한 다중이용장소 침입 행위**: 자신의 성적 욕구를 만족시킬 목적으로 화장실, 탈의실 등 다수

가 이용하는 장소에 침입하는 행위입니다.

· **언어적 성희롱:** 성적 농담이나 외모에 대한 성적인 말, 성적 내용을 상대방에게 말해 수치심을 주는 행위입니다.

· **시각적 성희롱:** 음란한 사진이나 그림, 영상 등을 보여주거나 자신의 성기, 엉덩이 등 상대방에게 수치심을 줄 수 있는 신체 부위를 보여주는 행위입니다.

· **디지털 성범죄(사이버 성폭력):** 사이버상에서 음란한 문자, 사진, 동영상 등을 보내거나 신체 부위를 촬영해 유포하는 등의 디지털 성범죄도 성폭력에 포함됩니다(121쪽 '우리를 노리는 디지털 성범죄' 참고).

가해자가 또래일 때의 성폭력

성폭력은 어른들만 저지르는 것일까?

성폭력의 가해자는 어른만이 아닙니다. 청소년도 가해자가 될 수 있습니다. 게다가 청소년이 가해자인 청소년성 범죄의 경우 해마다 꾸준히 증가하고 있습니다.[13] 이 경우 가해 학생은 자신의 행동을 장난 내지는 일종의 놀이처럼 여깁니다. 이런 분위기 때문에 피해 학생은 성폭력이라고 생각해도 적극적으로 싫다는 표현을 하지 못합니다. 표현을 하더라도 '왜 너만 진지하게 받아 들이냐'며 예민한 사람으로 몰아가 난처한 상황에 처하기도 합니다. 그러나 당사자가 수치심과 불쾌감을 느낀다면 이는 분명한 성폭력입니다.

학교폭력예방법은 성폭력을 학교폭력 중 하나로 정하

---

13 2020년 교육부가 실시한 '학교폭력 실태조사'에 따르면 아동·청소년성 보호법 위반 사건은 2009년 224건에서 꾸준히 증가해 2012년 782건, 2016년 725건, 2019년 682건이 발생했습니다.

고 있습니다. 학교폭력과 마찬가지로 학생들 사이에서 성폭력이 발생했다면 학교폭력예방법이 적용됩니다. 이때 성폭력은 성추행, 성폭행(강간) 등 신체적 성폭력뿐만 아니라 성희롱처럼 언어적, 정신적 성폭력을 모두 포함하고 있습니다.

학교폭력예방법

제2조(정의)

학교폭력이란 학교 내외에서 학생을 대상으로 발생한 상해, 폭행, 감금, 협박, 약취·유인, 명예훼손·모욕, 공갈, 강요·강제적인 심부름 및 성폭력, 따돌림, 사이버따돌림, 정보통신망을 이용한 음란·폭력 정보 등에 의해 신체·정신 또는 재산상의 피해를 수반하는 행위를 말한다.

학생들 사이에서 자주 발생하는 성폭력의 유형

- **언어적 성희롱:** 상대방을 향해 성적인 농담, 성적 단어를 사용해 상대방이 민망해하는 반응을 재미있어합니다. 상대방에게 '걸레', '성관계를 많이 해 봤을 것이다' 등 성적으로 비하하는 말을 하거나 상대방 부모님을 빗대어 성적인 표현을 하는 일명 '패드립'으로 상대방에게 수치심을 주기도 합니다.

- **사진, 음란물 보여 주기:** 상대방에게 야한 사진이나 동영상 등 음란물을 보여 주거나 억지로 보게 해 수

치심을 줍니다. 때로는 보고 나서 기분이 어떠냐고 놀리고, 사진, 동영상 속의 장면을 흉내 내도록 시키기도 합니다.

· **신체 보여 주기**: 상대방에게 자신의 신체 부위, 성기, 나체를 보여 줍니다. 상대방이 이를 보기 싫어하면 재미있어 하고 신체 부위를 만져 보라고 한다거나 상대방에게도 똑같이 보여 달라고 요구하기도 합니다.

· **신체 부위 보기**: 탈의실, 화장실 등에서 몰래 상대방의 신체 부위를 훔쳐보기, 바지 벗기기 등으로 상대방의 신체 부위 노출하기, 강제로 옷을 벗기고 신체 부위를 보는 방법 등으로 일어납니다.

· **신체 부위 만지기**: 기습적으로 가슴, 엉덩이, 성기 부위를 만져 성적 수치심을 줍니다.

· **성폭행**: 상대방이 원치 않는데 유사 성행위를 하거나 강제로 성관계를 하기, 술에 취한 상태를 이용해 성관계하기 등으로 일어납니다.

· **데이트 성폭력**: 서로 좋아하는 감정을 가지고 있는데 상대방이 원하지 않는 성적인 행동을 하거나 강요하는 것을 의미합니다.

동성 친구끼리도 성폭력이 성립할까?

많은 친구들이 '동성 친구끼리는 성폭력이 성립되지 않는다', '이성 친구에게 하는 것보다 덜 나쁜 것이다'라고 생각합니다. 이 때문에 오히려 동성 친구 사이에서 성폭력이 더 많이 발생하기도 합니다. 특히 남학생들은 '성기 치기', '바지 벗기기'를 장난처럼 하곤 하는데 이런 행위도 형법 제298조의 강제추행에 해당하며 10년 이하의 징역 또는 1,500만 원의 벌금에 처해지는 성폭력입니다. 상대방이 이성이든 동성이든 성폭력은 똑같이 나쁜 행동입니다. 결코 장난이 될 수 없습니다.

너는 장난이라고 했지만 나에게는 폭력이야!

중학교 3학년인 주원이는 자신보다 왜소한 같은 반 학생 우진이에게 장난을 치기 시작했습니다. 처음에는 얼굴에 뽀뽀를 하길래 우진이도 그냥 장난으로 넘기려고 했습니다. 그러나 수업 시간에 우진이 얼굴에 침을 묻히거나 귀에 대고 바람을 불고 이상한 신음소리를 내며 재미있어 하는 등 주원이의 행동은 점점 심해졌습니다. 심지어 수업 도중에 바지 속에 발기된 성기를 보여 주며 만져 보라고 하거나 우진이 뒤에 서서 성행위를 묘사하는 행동까지 했습니다. 수개월간 주원이에게 당하면서도 우진이는

우리를 지키는 법

이런 일을 당했다는 사실이 수치스러웠기 때문입니다. 속내를 털어놓지 못한 채 등교를 거부하던 우진이는 결국 부모님께 그동안 겪었던 일들을 모두 털어놓았고, 부모님은 곧바로 학교에 신고를 했습니다. 학교폭력대책심의위원회에서 주원이는 '우진이를 친하게 생각해서 장난으로 한 것'이라고 했지만, 우진이가 주원이와 같은 공간에서 생활하기 힘들어하는 점, 주원이가 스스로 심각성을 깨닫지 못한 점을 들어 주원이에게는 강제전학 징계가 내려졌습니다.

교제 중인 친구와의 성관계, 해도 될까?

좋아하는 이성 친구가 생기고 나아가 교제를 하게 되면 손을 잡거나 키스를 하는 등의 스킨십을 하고 싶어집니다. 성관계까지 했다는 다른 친구들의 이야기를 들을 때면 나도 호기심이 생깁니다. 그렇다면 성적 자기 결정권이 있기 때문에 언제든 내가 하고 싶은 대로 성행위를 할 수 있는 것일까요?

성적 자기 결정권을 행사할 때는 항상 책임이 뒤따른다는 사실을 알아야 합니다. 성관계로 몸의 변화가 생길 수도 있고, 임신과 출산의 가능성도 생기게 됩니다. 만약 원치 않는 임신을 하게 될 경우, 아직 미성년자인 친구들은 이를 감당하기 어렵습니다. 단순히 호기심만으로, 좋아하는 감정만으로 섣불리 성적 자기 결정권을 행사하지 않기를 바랍니다.

가해자가 어른일 때의 성폭력

미성년자 친구들은 어른들의 성폭력 타깃이 되기 쉽습니다. 가해자는 청소년이 아직 약하고, 성적 자기 결정권에 대한 판단 능력이 부족하다는 것을 악용하려고 합니다. 그들은 폭행, 협박을 해 강제로 성폭력을 가하고, 미성년자 친구들의 성적 자기 결정권에 대한 판단이 흐려지도록 교묘하게 접근해 자신의 성적 욕구를 충족하기도 합니다. 이러한 가해자의 교묘한 접근으로 때로는 성폭력을 당한 친구들이 자신이 피해를 입었는지도 모르고 자기 탓을 하며 피해사실을 알리지 못하는 경우도 많이 있습니다.

가해자가 어른일 때 자주 발생하는 성폭력의 유형

· **강제로 행해지는 성폭력**: 피해자가 저항함에도 폭행, 협박 등 힘을 가해 강제로 성관계, 추행을 합니다.

· **위계, 위력에 의한 성폭력**: 선생님, 부모님, 친척 등 어른

의 지위를 이용해 가르쳐 준다거나 치료를 해 주겠다는 식으로 속이고 성관계, 추행을 하는 위계에 의한 성폭력, 또는 위와 같은 지위를 이용해서 피해자가 거부를 못하게 한 후 성관계, 추행을 하는 위력에 의한 성폭력이 많이 발생합니다.

· **선물, 용돈을 조건으로 한 성폭력**: 선물이나 원하는 것을 사 주겠다는 조건, 용돈을 주겠다는 조건으로 접근해 실제로 만나 성관계나 신체 부위를 만지는 추행을 하는 것입니다. 주로 게임이나 SNS 등을 통해 접근한 뒤 성폭력이 이루어지는 경우가 많습니다.

· **아동·청소년의 성을 사는 행위(성매매)**: 고수익 알바나 얼굴이 예쁘다며 모델을 해 볼 생각이 없냐고 접근한 후 성매매를 시키는 것입니다. 또 랜덤 채팅 어플을 통해 어린 친구들에게 조건만남, 성매매를 제안하기도 합니다.

· **공공장소에서의 치한**: 지하철이나 버스 등 공공장소에서 몸을 만지거나 기습적으로 추행하는 것입니다.

· **성희롱**: 외모 비하나 성적 농담, 성적으로 수치심을 주는 말을 하는 것으로 주로 선생님 등 가까운 어른으로부터 발생합니다.

국어 선생님인 A 씨는 잠을 자는 여학생의 손등에 입을 맞추는가 하면, 교실이나 교무실에서 지나가는 여학생의 엉덩이를 움켜쥐거나 가슴에 착용된 명찰을 찌르는 신체적 접촉을 했습니다. 또 수업 중에는 학생들을 향해 '○○이는 뚱뚱해서 시집을 못 간다'며 성희롱을 하기도 했습니다. 이렇게 피해를 입은 여학생들은 20명 가까이 되었고, 학교 내에서 성희롱, 성폭력을 고발하는 스쿨 미투 운동이 벌어지면서 A 씨의 추행, 성희롱이 드러나게 되었습니다. A 씨는 '학생 지도나 격려를 위해 한 것이었다', '학생들에게 신체접촉이 있었을 수 있지만, 의도적으로 만진 것은 아니다'라고 주장했지만 법원은 '피해자들의 진술이 일관되고 신빙성이 있다. 신체 접촉 경위를 볼 때 학생 지도나 격려를 위해 필요한 것으로 보기 어렵고, 성적 수치심이나 혐오감을 일으키는 행위'라고 지적하며 징역 1년의 실형을 내렸습니다.

내가 좋아하는 선생님이어도 성폭력일까?
- 그루밍 성폭력

선생님과 친한 사이가 되어 선생님을 좋아하는 감정이 생겼습니다. 선생님도 나를 좋아하는 것 같습니다. 때로는 선생님과 사귀기로 하고 우리 둘만의 비밀로 하자고 합니다. 밥을 사 주고, 내 걱정을 해 주고, 따로 불러서 끌어안고 뽀뽀도 합니다.

학생이 선생님을 좋아한다고 해서 선생님이 이런 행동을 하는 것은 옳은 것이 아닙니다. 이런 경우에는 '그루밍 성폭력'을 의심해 보아야 합니다. 그루밍(Grooming)이란 원래 주인이 반려동물의 털을 손질하거나 몸단장을 해 준다는 의미입니다. 그루밍 성폭력은 가해자가 상대방에게 호감을 얻어 친밀한 관계를 만든 후 성폭력을 가하는 것을 뜻합니다. 학교 선생님, 학원 강사, 교회 등 종교 시설의 지도 선생님, 친척 오빠 등이 가해자가 되곤 합니다. 가해자는 아직 판단이 미숙한 미성년자일수록 길들이기 쉽다고 생각하며, 미성년자 친구들 역시 상대방이 나를 특별하게 대해 준다는 생각에 가해자가 성폭력을 가해도 그것이 성폭력인지 모를 때가 있습니다. 하지만 정말로 나를 아끼고 좋아하는 어른이라면 나의 성을 지켜 주지, 함부로 몸을 만지지 않습니다.

나를 예뻐해 주시는 줄로만 알았어요.

고등학교 1학년인 예서는 아빠가 지방에 계시고 엄마는 많이 아프셔서 부모님과 함께 있는 시간이 많지 않았습니다. 담임선생님은 이런 예서를 잘 챙겨 주셨습니다. 예서는 담임선생님이 자신을 예뻐해 주시고 관심을 가져 주시는 것 같아 기분이 좋았습니다. 담임선생님은 밤늦게도 휴대폰으로 문자를 보내왔고 자습이 끝나면 직접 담임선생님의 차로 집에 데려다주기도 했습니다. 그러던 어느 날, 담임선생님이 차 안에서 예서가 예쁘다며 끌어안고 볼에 뽀뽀까지 했습니다. 몇 차례 이런 행동이 반복되고 점점 더 심한 스킨십을 하려고 하자 예서는 싫다는 표현을 하며 황급히 차에서 내렸습니다. 그러자 그 뒤로 담임선생님은 친구들 앞에서 '못생겼다'며 면박을 주고 쌀쌀맞게 대하기 시작했습니다. 예서는 고민하다가 친구에게 사실을 털어놓았고, 친구의 도움으로 학교에 담임선생님의 행동을 알리게 되었습니다. 알고 보니 담임선생님은 자신에게만이 아니라 몇몇 언니들에게도 이런 행동을 반복해 왔다는 사실이 밝혀졌습니다. 결국 담임선생님은 경찰에 고발되었고 교사직을 그만두게 되었습니다.

성폭력, 어떻게 막을 수 있을까?

성폭력 예방하기

⋯ 성적 자기 결정권 확립하기

성행위나 성관계에는 무거운 책임이 뒤따릅니다. 아무리 좋아하는 이성 친구일지라도 내가 스킨십을 하기 싫은 상황이라면 거부 의사를 분명하게 표현해야 합니다. 정말로 나를 아끼고 진심으로 좋아하는 이성 친구라면 나의 의사를 존중해 줄 것입니다.

⋯ 성범죄자 신상 공개 확인하기

우리 주변에 성범죄자가 사는 건 아닌지 확인을 통해 성폭력을 예방할 수 있습니다. 아동·청소년, 성인을 대상으로 성폭력 범죄를 저지른 자의 신상정보를 인터넷(성범죄자 알림e 사이트)에 공개하고, 우편으로도 알려 주는 제도가 있습니다. 인터넷 홈페이지 '성범죄자

알림e (www.sexoffender.go.kr)'에 접속한 후 지도 검색을 통해 내가 사는 주변의 성범죄자 신상정보(이름, 나이, 주소, 키, 몸무게, 사진, 성범죄 내용, 전과 사실)와 거주지역 위치를 볼 수 있습니다.

… 싫다고 표현하고 자리를 피하기

선생님, 친척 등 잘 아는 사람이어도 이상한 기분이 들고 몸을 만지려고 하면 싫다고 말하고 자리를 피한 후 부모님이나 어른에게 이야기해야 합니다.

…어플이나 랜덤 채팅 등으로 모르는 사람 만나지 않기

잘 알지 못하는 사람이 나에게 호의를 보이고 선물이나 용돈을 준다고 한다면 일단 의심해 보아야 합니다. 분명히 그에 대한 대가를 바랄 것이기 때문입니다. 특히 어플이나 랜덤 채팅 등에서는 상대방이 누구인지 알 수 없으므로 만나지 않도록 합니다. 고수익 아르바이트나 모델을 소개해 주겠다고 접근하는 경우에도 혼자 결정하지 않고 부모님이나 주변 어른과 상의해 어떤 일을 하는 아르바이트인지, 어떤 회사인지 확인한 후 결정해야 합니다.

성폭력이 발생했을 때

··· 싫다는 의사 표현하기

기습적으로 몸을 만지거나 추행을 당하면 장난 같은 분위기에 정색하지 못하기도 하고, 오히려 조심하지 못한 자신의 잘못이라고 생각해 아무 말도 하지 못하는 경우가 있습니다. 그러나 내가 불쾌하고 싫다면 그것은 추행이자 성폭력이므로 싫다는 의사를 분명하게 표현해야 합니다.

··· 부모님과 어른에게 알리기

성폭력은 혼자서 해결할 수 없는 일입니다. 성폭력을 당하면 가장 먼저 부모님께 알려 도움을 받고 해결하도록 합니다. 자신의 잘못인 것 같아서, 부모님께 말씀드리기 부끄러워서, 또 부모님께 혼이 날까 봐 말하지 못하는 경우가 있습니다. 그러나 나에게 가장 많은 도움을 줄 수 있는 사람은 바로 부모님입니다. 더욱이 유사 성행위, 강간, 성관계까지 있었다면 신체에 남아 있는 흔적이나 상처뿐만 아니라 임신 등의 위험이 있을 수 있습니다. 부모님이나 어른에게 알리고 빠른 시일 안에 병원에서 진료를 받도록 합니다.

··· 병원에 방문하기

성폭력으로 인해 신체에 상처를 입었거나 겉으로 상처가 보이지 않더라도 보이지 않는 곳에 상처를 입었을 수 있습니다. 또 감염이나 질병, 임신의 위험이 있을 수 있으므로 반드시 병원에 방문해 검사와 진료를 받도록 합니다.

무료로 병원 치료를 받을 수 있어요.

지역별로 성폭력전담의료기관이 지정되어 있어서 인터넷에서 검색해도 쉽게 알 수 있고, 경찰이나 성폭력상담소를 통해 가까운 성폭력전담의료기관을 안내받을 수 있습니다. 성폭력전담의료기관을 방문하면 성폭력 피해 검사, 치료, 증거물 채취 등 비용은 무료입니다. 만일 성폭력전담의료기관이 아닌 병원에 가서 치료를 받았더라도 경찰 또는 성폭력상담소에 연락하면 치료비를 받을 수 있는 절차를 안내받으면 됩니다.

··· 상담받기

경찰에 신고를 할지 말지, 신고를 하더라도 어떤 도움을 받을 수 있는지 몰라 망설이고 있다면 다음과 같은 기관에서 상담을 받은 후 자신에게 알맞은 도움을 받도록 합니다. 부모님께 피해 사실을 알리는 것이 두려워 망설이고 있거나 부모님께 말할 수 없는 경우, 혹은 부모님이 도움을 줄 수 없는 경우에도 아래 기관에서 상담을 받을 수 있습니다. 상담 비용은 무료이며 특히 가까운 가족에게 성폭력을 당해 가해자와 떨어져 있기를 바라는 피해자에게는 상담소에서 피해자가 머물 수 있는 보호시설도 무료로 지원해 주고 있습니다.

▶ 경찰서 여성, 청소년계: 가까운 경찰서 여성, 청소년계의 성폭력 전담수사팀에서 상담받기

▶ 여성긴급전화 1366: 지역번호를 함께 누르고 1366으로 전화해 상담받기

▶ 1366 채팅 상담: 1366 홈페이지(https://www.women1366. kr)를 통해 24시간 채팅 상담, 상담 게시판을 통해 상담받기

▶ 해바라기 센터: 24시간 상담이 가능한 해바라기 센터의 홈페이지 (http://www.mogef.go.kr)나 전화(1899-3075)를 이용해 성폭력 피해에 대해 상담 받거나 가까운 센터에 방문해 상담받기

▶ 지역별 성폭력상담소: 한국여성인권진흥원 홈페이지(https:// www.stop.or.kr)를 통해 가까운 성폭력상담소 확인 후 전화 또는 방문해 상담받기

··· **증거 확보하기**

신고를 할지 말지 결정하지 못했더라도 증거는 마련해

두어야 합니다. 성폭력을 당했다면 샤워나 목욕, 손 씻기 등을 하지 말고, 성폭력을 당했을 때 입고 있던 옷 그대로 곧바로 병원을 가도록 합니다. 병원에 가면 몸에 남아 있는 흔적을 통해 증거를 얻을 수 있습니다. 또 가해자의 인상착의, 신체 특징, 언제, 어디서, 어떻게 사건이 일어나게 되었는지를 구체적으로 기록해 두도록 합니다. 성폭력을 당했을 때 입고 있던 옷도 세탁하지 말고 따로 보관해 둡니다.

… 신고하기

성폭력도 학교폭력 신고 절차에 따라 신고를 할 수 있으므로 학교폭력 신고 방법을 참고하기 바랍니다. 성폭력은 중대한 범죄에 해당하고 또 다른 피해를 막기 위해서라도 꼭 신고, 고소를 해야 합니다. 성폭력 피해를 당한 즉시 112로 신고하면 경찰이 현장으로 출동합니다. 또 가까운 경찰서에 방문해 신고할 수 있습니다.

> ▶ 경찰에 전화로 신고하기: 국번 없이 112, 117로 연락해 신고하기
> ▶ 경찰서에 신고(고소)하기: 경찰서에 방문해 고소장을 작성한 후 민원실, 사이버수사팀에 신고, 고소하기

친구의 성폭력 피해 사실을 알게 되었을 때

친구가 성폭력의 피해 사실을 털어놓거나 다른 친구의 이야기 또는 소문을 통해 친구의 성폭력 피해 사실을 알게 된다면 어떻게 해야 할까요? 친구의 고민을 들어 주고, 친구가 신고를 할 수 있게끔 용기를 북돋워 주도록 합니다. 단, 당사자 친구를 제외한 다른 친구들에게는 섣불리 피해 사실을 이야기하지 않도록 합니다. 피해 학생이 피해 사실을 알리기 싫어할 수 있고, 자칫 소문이 퍼져 다른 친구들에게 성폭력 피해 사실이 알려지는 등 친구에게 2차 피해가 발생할 수 있기 때문입니다.

나를 지켜 주는 법

학교폭력예방법

학생들 사이에서 성폭력이 발생한 경우 학교폭력예방법에 따라 가해 학생에게 징계를 내리고 피해 학생은 보호조치를 받을 수 있습니다(86쪽 '학교폭력 처리 절차' 참고). 학교에서 성폭력 사실을 알게 된 경우 피해자가 학생이라면 가해자가 학생이건 어른이건 학교에서는 수사기관에 의무적으로 신고를 하도록 법에서 규정하고 있습니다.

성폭력 피해 사실을 학교에 알리면 소문이 날까 봐 말을 꺼내지 못하는 친구들이 있습니다. 그러나 학교폭력예방법 제21조에서는 학교폭력 업무를 수행하거나 수행했던 자는 그 직무로 인해 알게 된 비밀 또는 가해 학생, 피해 학생 및 신고자와 관련된 자료를 누설해서는 안 된다는 비밀누설금지를 의무로 규정해 신고 학생의 비밀을 철저히 보장하도록 하고 있습니다.

아동·청소년의 성 보호에 관한 법률

제34조(아동·청소년 대상 성범죄의 신고)

① 누구든지 아동·청소년 대상 성범죄의 발생 사실을 알게 된 때는 수사기관에 신고할 수 있다.

② 다음 각 호의 어느 하나에 해당하는 기관·시설 또는 단체의 장과 그 종사자는 직무상 아동·청소년 대상 성범죄의 발생 사실을 알게 된 때는 즉시 수사기관에 신고해야 한다.

　2. 「초·중등교육법」 제2조의 학교 및 「고등교육법」 제2조의 학교

제67조(과태료)

④ 제34조 제2항 각 호의 어느 하나에 해당하는 기관·시설 또는 단체의 장과 그 종사자가 직무상 아동·청소년 대상 성범죄 사실을 알고 수사기관에 신고하지 아니하거나 거짓으로 신고한 경우에는 300만 원 이하의 과태료를 부과한다.

성폭력 방지 및 피해자 보호 등에 관한 법률

제9조(신고의무)

19세 미만의 미성년자(19세에 도달하는 해의 1월 1일을 맞이한 미성년자는 제외한다)를 보호하거나 교육 또는 치료하는 시설의 장 및 관련 종사자는 자기의 보호·지원을 받는 자가 「성폭력범죄의 처벌 등에 관한 특례법」 제3조부터 제9조까지, 「형법」 제301조 및 제301조의 2의 피해자인 사실을 알게 된 때는 즉시 수사기관에 신고해야 한다.

성폭력 역시 형법 등에서 정한 범죄에 해당해 신고 또는 고소된 경우 범죄행위로서 보호처분 또는 형사처벌을 받을 수 있습니다. 해당 유형별 처벌 규정은 아래와 같습니다.

⋯ 강간

- **강간죄(형법 제297조):** 폭행 또는 협박으로 사람을 강간한 자는 3년 이상의 유기징역에 처한다.
- **유사 강간죄(형법 제297조의 2):** 폭행 또는 협박으로 사람에 대해 구강, 항문 등 신체(성기는 제외한다)의 내부에 성기를 넣거나 성기, 항문에 손가락 등 신체(성기는 제외한다)의 일부 또는 도구를 넣는 행위를 한 사람은 2년 이상의 유기징역에 처한다.
- **아동·청소년에 대한 강간죄(아동·청소년의 성 보호에 관한 법률 제7조 제1항):** 폭행 또는 협박으로 아동·청소년을 강간한 사람은 무기징역 또는 5년 이상의 유기징역에 처한다.
- **아동·청소년에 대한 유사강간죄(아동·청소년의 성 보호에 관한 법률 제7조 제2항):** 폭행 또는 협박으로 아동·청소년을 유사 강간한 사람은 5년 이상의 유기징역에 처

한다.

… 강제추행

· **강제추행죄(형법 제298조):** 폭행 또는 협박으로 사람에 대해 추행을 한 자는 10년 이하의 징역 또는 1,500만 원 이하의 벌금에 처한다.

· **아동·청소년에 대한 강제추행죄(아동·청소년의 성 보호에 관한 법률 제7조 제3항):** 아동·청소년에 대해 강제추행죄를 범한 자는 2년 이상의 유기징역 또는 1천만 원 이상 3천만 원 이하의 벌금에 처한다.

… 준강간, 준강제추행

· **준강간, 준강제추행죄(형법 제299조):** 사람의 심신상실 또는 항거불능의 상태를 이용해 간음 또는 추행을 한 자는 강간, 강제추행죄와 동일하게 처벌한다.

· **아동·청소년에 대한 강제추행죄(아동·청소년의 성 보호에 관한 법률 제7조 제4항):** 아동·청소년에 대해 준강간, 준강제추행죄를 범한 자는 아동·청소년에 대한 강간, 유사강간, 강제추행죄와 동일하게 처벌한다.

··· 미성년자의 동의를 얻은 성관계, 추행

· **미성년자에 대한 간음, 추행죄(형법 제305조):** ① 13세 미만의 사람에 대해 간음 또는 추행을 한 자는 강간죄, 유사강간죄, 강제추행죄와 동일하게 처벌한다. ② 13세 이상 16세 미만의 사람에 대해 간음 또는 추행을 한 19세 이상의 자는 강간죄, 유사강간죄, 강제추행죄와 동일하게 처벌한다.

··· 미성년자에 대해 위계 또는 위력을 이용한 간음(성관계)

· **아동·청소년에 대한 강제추행죄(아동·청소년의 성 보호에 관한 법률 제7조 제5항):** 위계(僞計) 또는 위력으로써 아동·청소년을 간음하거나 아동·청소년을 추행한 자는 아동·청소년에 대한 강간, 유사강간, 강제추행죄와 동일하게 처벌한다.

··· 아동·청소년의 성을 사는 행위(성매매)

· **아동·청소년에 대한 강제추행죄(아동·청소년의 성 보호에 관한 법률 제13조):** ① 아동·청소년의 성을 사는 행위를 한 자는 1년 이상 10년 이하의 징역 또는 2천만 원

이상 5천만 원 이하의 벌금에 처한다. ② 아동·청소년의 성을 사기 위해 아동·청소년을 유인하거나 성을 팔도록 권유한 자는 1년 이하의 징역 또는 1천만 원 이하의 벌금에 처한다.

··· 성적 목적을 위한 다중이용장소에 침입한 경우

· **성적 목적을 위한 다중이용장소 침입행위(성폭력범죄의 처벌 등에 관한 특례법 제12조)**: 자기의 성적 욕망을 만족시킬 목적으로 화장실, 목욕장·목욕실 또는 발한실(發汗室), 모유수유시설, 탈의실 등 불특정 다수가 이용하는 다중이용장소에 침입하거나 같은 장소에서 퇴거의 요구를 받고 응하지 아니하는 사람은 1년 이하의 징역 또는 1천만 원 이하의 벌금에 처한다.

··· 시각적, 언어적 성희롱

· **음화반포죄(형법 제243조)**: 음란한 문서, 도화, 필름 기타 물건을 반포, 판매 또는 임대하거나 공연히 전시 또는 상영한 자는 1년 이하의 징역 또는 500만 원 이하의 벌금에 처한다.

· **공연음란죄(형법 제245조)**: 공연히 음란한 행위를 한

자는 1년 이하의 징역, 500만 원 이하의 벌금, 구류
또는 과료에 처한다.

· **모욕죄(형법 제311조)**: 공연히 사람을 모욕한 자는 1년
이하의 징역이나 금고 또는 200만 원 이하의 벌금
에 처한다.

경찰에 신고했을 때 절차와 보호방법

… 고소에서 재판까지

학생들 사이에서 성폭력이 발생하여 경찰에 신고할 경
우, 2장의 학교폭력과 마찬가지의 절차를 거치게 됩니
다(99쪽 '경찰에 신고했을 때 절차와 보호방법' 참고). 가해자가 미성년
자이든 성인이든 동일하게 경찰, 검찰에서는 피해자의
성폭력 피해 사실을 확인하고, 수사를 통해 증거를 확
보해 가해자를 조사해 검거합니다. 이후 가해자에게
적용되는 범죄 처벌 규정에 따라 재판으로 넘기게 되는
데, 가해자가 미성년자인 경우에는 소년재판을 받거나
형사재판을 받게 됩니다(41쪽 '소년보호사건' 참고).

… 경찰에 신고하면 어떤 도움을 받을 수 있을까?

성폭력 피해 신고를 하면 여성 피해자는 전담 여성 경

찰관이, 남성 피해자는 전담 남성 경찰관에게 조사를 받도록 할 수 있고, 외부와 차단된 조사실에서 안정된 분위기 속에 조사받을 수 있습니다. 또 미성년자의 경우 의무적으로 진술을 녹화하도록 하고 있습니다. 녹화된 진술을 증거자료로 활용하도록 하고 있어 떠올리고 싶지 않은 피해 경험을 되풀이해 진술하지 않도록 하고 있습니다. 피해자에게 변호사가 없는 경우 수사기관은 국선변호인을 선정해 줄 수 있는데(성폭력 범죄의 처벌 등에 관한 특례법 제27조 제6항) 형사 절차에서 변호사의 도움을 받고 2차 피해를 방지할 수 있습니다, 수사기관에서 조사, 법정에 출석해야 할 때 혼자 가서 진술하기가 두려운 경우 부모님, 가족 등이 함께 동석할 수 있습니다. 수사기관에서는 피해자의 인적사항 등에 대해 철저히 비밀을 보장하고 있어 성폭력 피해사실이 알려질까 걱정하지 않아도 됩니다.

··· 성폭력 피해자 지원기관

성폭력 피해자는 성폭력 지원 기관을 통해 상담은 물론 의료지원, 수사지원, 심리지원 등을 받을 수 있습니다.

여성긴급전화 1366	· 여성·아동·청소년 피해자가 365일 24시간 언제든지 피해 상담을 받을 수 있도록 마련되어 있습니다. 여성긴급전화 1366은 가까운 상담소, 보호시설, 112, 119 등에서 즉시 도움을 받을 수 있도록 하며 전문 상담소, 경찰, 병원, 법률기관과 연계해 피해자를 지원합니다. 국번 없이 1366 또는 특정 지역의 상담 요청 시 해당 지역의 지역번호를 함께 누르고 1366으로 전화하면 됩니다. · 긴급구조 및 보호를 위한 전화상담 지원 · 가까운 상담소, 보호시설, 112, 119등에 즉시 도움을 받을 수 있도록 지원
해바라기 센터	· 가정폭력 피해자와 가족을 대상으로 365일 24시간 각종 지원을 제공하는 곳입니다. 여성가족부 해바라기 센터 홈페이지(http://www.mogef.go.kr)를 통해 전국 각지에 있는 해바라기 센터 위치와 전화번호를 확인할 수 있습니다. · 상담지원: 24시간 상담, 사례접수, 법적자문, 가족 상담 · 의료지원: 응급처치, 산부인과 진료, 증거채취, 심리치료, 정신과 치료, 가족치료 · 수사지원: 고소지원, 피해자 조서 작성 지원, 진술녹화 지원
성폭력상담소	· 성폭력상담소는 성폭력 피해자에 대해 상담 및 각종 지원을 제공하는 곳입니다. 한국여성인권진흥원 홈페이지(https://www.stop.or.kr)를 통해 전국 각지에 있는 성폭력상담소 위치와 전화번호를 확인할 수 있습니다. · 상담지원: 24시간 상담, 사례접수, 법률상담 · 의료지원: 응급처치, 산부인과 진료, 정신과 치료 · 수사지원: 고소지원, 진술녹화 등 조사 동행 지원

성폭력 피해자 보호시설	· 피해자를 가해자로부터 보호하고 숙식 및 각종 지원을 제공하는 곳입니다. 성폭력상담소와 여성긴급전화 1366 등을 통해 성폭력 피해를 접수하면 보호시설과 연계해 줍니다. · 보호지원: 피해자가 동의하는 경우 일시 보호, 친족관계에 의한 성폭력 피해자로서 19세 미만의 미성년자의 경우 19세가 될 때까지 일정기간 보호 · 안정지원: 피해자의 신체적, 정신적으로 안정을 되찾을 수 있도록 함 · 법률지원: 법률구조기관 등에 필요한 협조와 지원 요청 · 수사지원: 수사기관 조사, 법원 출석 시 동행

법정으로 간 성폭력

사례1 '아빠는 딸 만져도 된다'며 그루밍 성폭력을 한 새 아버지

A 양(당시 만 10세)의 새아버지는 2006년부터 "아빠는 원래 딸 몸을 만질 수 있는 거야"라며 A 양을 성추행했습니다. 이후 2007년부터는 성폭행까지 했으며, 이는 A 양이 성인이 된 2016 년까지 11년에 걸쳐 총 13차례나 이어졌습니다. 당시 A 양은 새 아버지의 말대로 하지 않으면 새아버지와 친엄마에게 버림받을 수 있다는 두려움에 거부하지 못했습니다. 처음 피해를 당할 당 시에는 나이가 너무 어려 새아버지가 자신에게 저질렀던 행위가 범죄라는 사실을 알지 못했으나 후에 이 같은 행위가 범죄라는 것을 알게 된 A 양은 지인들의 도움을 받아 새아버지를 경찰에 신고했습니다. 새아버지는 재판에 넘겨졌고, 법원은 반인륜적 범행이라며 13세 미만 미성년자 강간과 준강제추행죄 등의 죄목 으로 징역 25년의 처벌을 내렸습니다.

사례 2 **친구가 강제추행범으로 돌변한 사건**

B와 C, 그리고 피해자 D는 학교에 같이 다니는 친구 사이였습니다. B와 C는 피해자 D가 말수가 적고 성격이 소심해 답답하며 평소 친구들에게 거짓말을 한다는 이유로 D에게 벌칙 수행을 명목으로 추행, 폭행 등을 하기로 마음먹었습니다. 2018년 4월부터 10월까지 학교 곳곳에서 B와 C는 D를 위협해 상의를 강제로 속옷 위까지 말아 올린 다음 D의 가슴과 배 부위에 유성 매직으로 캐릭터를 그리기, D의 치마를 강제로 벗긴 다음 옷을 숨겨 D가 못 입게 하기, D를 위협해 D의 브래지어를 B, C가 앞뒤에서 잡아당기기, 팬티를 잡아당기기, D의 머리를 수회 벽에 부딪히게 해 폭행한 후 D의 웃옷과 브래지어를 벗겨 화장실 창문에 걸어 두며 가져가 보라고 하기, D의 하의를 속옷까지 강제로 벗게 하기 등 총 7회에 걸쳐 강제 추행을 했습니다. 그 외에도 게임을 한다는 명목으로 돌아가면서 주먹과 발로 D의 등과 엉덩이를 때리고, D에게 바닥에 누워 성관계 자세를 취하도록 한 후 이에 응하지 않으면 폭행을 가할 것처럼 겁을 주었습니다.

이에 참다못한 D가 학교폭력과 더불어 경찰에도 신고하였고 B와 C는 어디까지나 D와 동의하에 일어난 일이며, 서로 신체를 보여 주는 것에 거리낌이 없을 정도로 친했기 때문에 장난삼아 옷 벗기 게임과 신체 낙서 행위 등을 한 것이라고 주장했습니다. 그러나 학교폭력대책심의위원회에서는 게임을 빌미로 이러한 행위를 반복하고, 자신들의 행위에 대해 진심으로 반성하는 기미가 보이지 않는다며 B와 C에게 퇴학 처분을 내렸습니다. B와 C는 학교 징계에서 그치지 않고 경찰, 검찰 수사 이후 형사재판으로 넘겨져 특수강제추행과 공갈 등으로 징역 2년의 실형을 받았습니다.

성폭력 피해자 지원기관

여성긴급전화 1366

여성·아동·청소년 피해자가 365일 24시간 언제든지 피해 상담을 받을 수 있도록 마련되어 있습니다. 여성긴급전화 1366은 가까운 상담소, 보호시설, 112, 119 등에서 즉시 도움을 받을 수 있도록 하며 전문 상담소, 경찰, 병원, 법률기관과 연계해 피해자를 지원합니다. 국번 없이 1366 또는 특정 지역의 상담 요청 시 해당 지역의 지역번호를 함께 누르고 1366으로 전화하면 됩니다.

해바라기 센터

성폭력, 디지털 성범죄 등 피해자와 가족을 대상으로 365일 24시간 각종 지원을 제공합니다. 상담, 사례 접수, 법적 자문 등의 상담지원과 응급처치, 증거채취, 산부인과 진료, 심리치료, 정신과 치료, 가족 치료 등의 의료지원, 고소와 피해자 조서 작성, 진술녹화 등을 돕는 수사지원 등을 담당합니다.

지역별 성폭력상담소

성폭력 피해자에게 상담 및 각종 지원을 제공합니다. 상담과 사례 접수, 법률 상담 등의 상담지원, 응급처치, 산부인과 진료, 정신과 치료 등의 의료지원, 고소와 진술녹화 등의 수사지원 등을 담당합니다. 한국여성인권진흥원 홈페이지(https://www.stop.or.kr)를 통해 전국 각지에 있는 성폭력상담소의 위치와 전화번호를 확인할 수 있습니다.

성폭력 피해자 보호시설

피해자를 가해자로부터 보호하며 숙식 및 각종 지원을 제공합니다. 친족관계에 의한 성폭력 피해자로서 19세 미만의 미성년자의 경우 19세가 될 때까지 일정 기간 보호하거나, 피해자가 신체적, 정신적으로 안정을 되찾을 수 있도록 하며, 법률구조기관 등에 필요한 협조와 지원 요청을 대신해 줍니다. 또한 피해자가 원할 경우 수사기관에서 조사를 받거나 법원에 출석할 때 동행하기도 합니다.

5장

아동학대, 가정폭력

선생님이 저만 차별해요

중학교 1학년생인 승우는 수업 시간에 집중하지 않는다는 이유로 담임선생님께 혼이 났습니다. 수업 시간에 집중하지 않은 것은 잘못이었지만 어쩐지 그 뒤로 승우는 선생님께 미움을 받는 것 같습니다. 사회 시간, 각자 저마다 자신의 장래 희망과 직업을 소개하는 발표수업을 하는데, 담임선생님은 승우의 장래 희망을 듣더니 "내 생각에 승우는 그 꿈을 절대 이룰 수 없어."라고 말씀하십니다. 승우는 선생님의 말에 친구들 앞에서 너무 창피했습니다. 그뿐만이 아닙니다. 다른 친구들이 수업 시간에 자세가 좋지 않으면 가볍게 지적하고 넘어가시던 선생님은 유독 승우에게만 수업이 끝날 때까지 교실 밖에 있으라고 했습니다. 친구와 싸운 날에도 시비를 건 것은 친구였는데 담임선생님은 승우 이야기는 듣지도 않은 채 "보아하니 승우 네가 잘못했겠지"라고 하며 승우만 혼냈습니다. 2학기 반장 후보를 추천할 때도 담임선생님은 공개적으로 "승우는 문제를 많이 일으키니 반장 후보에 추천하지 마라"라고 말씀하셨습니다. 이런 상황이 반복되니 승우는 자신감도 떨어지고 내일 또 선생님이 나를 차별할까, 겁이 나 학교에도 가기 싫어집니다.

평생 씻을 수 없는 상처를
남기는 아동학대

아동학대란?

뉴스를 보면 '아동학대' 사건을 다룬 기사를 종종 접하게 됩니다. 아동학대라고 하니, 왠지 어린 아기들이나 어린이집, 유치원, 초등학교 저학년 학생들에게만 해당되는 이야기 같고 우리 청소년과는 관련이 없을 것 같습니다. 정말로 그럴까요? 법에서는 '아동'을 '만 18세 미만인 사람'으로 정하고 있습니다(아동복지법 제3조). 그래서 만 18세 미만이라면 누구나 아동학대를 금지하는 아동복지법으로부터 보호를 받게 됩니다. 아동학대란 어른이 아동에게 신체적으로 고통을 주는 것은 물론 정신적, 심리적으로 고통을 주거나 보호가 필요한 상황에서 보호하지 않는 등 아동의 권리를 침해하는 행위를 의미합니다. 아동복지법에서는 다음과 같이 정의하고 있습니다.

아동복지법

제3조(정의) 이 법에서 사용하는 용어의 뜻은 다음과 같다.

2. 아동복지란 아동이 행복한 삶을 누릴 수 있는 기본적인 여건을 조성하고 조화롭게 성장·발달할 수 있도록 하기 위한 경제적·사회적·정서적 지원을 말한다.

3. 보호자란 친권자, 후견인, 아동을 보호·양육·교육하거나 그러한 의무가 있는 자 또는 업무·고용 등의 관계로 사실상 아동을 보호·감독하는 자를 말한다.

7. 아동학대란 보호자를 포함한 성인이 아동의 건강 또는 복지를 해치거나 정상적 발달을 저해할 수 있는 신체적·정신적·성적 폭력이나 가혹행위를 하는 것과 아동의 보호자가 아동을 유기하거나 방임하는 것을 말한다.

앞서 승우 담임선생님의 경우에 학생을 보호해야 하는 담임선생님이 승우의 마음에 상처를 입히는 말을 하고 수업 시간에 교실 밖으로 나가게 했으며, 반장 선거 후보에 참여하지 못하게 했습니다. 이는 승우가 폭력으로부터 보호받을 권리, 교육을 받을 권리, 참여할 권리를 침해한 것이며 정신적으로 고통을 주었으므로 아동학대에 해당합니다.

아동은 아직 신체적, 정신적으로 완전히 발달하지 않았고, 어른에 비해 약한 존재이기 때문에 더 많은 보호를 받아야 합니다. 이에 따라 아동을 특별히 보호하고 권리를 지켜 주기로 약속한 것이 '유엔 아동권리협약[14]'입니다. 우리나라도 1991년 11월 20일에 이 협약에 가입했습니다. 유엔 아동권리협약에는 아동이 4가지 권리를 가지고 있다고 명시하고 있습니다. 만 18세 미만의 학생이라면 누구든 이와 같은 권리를 가지며 누릴 수 있습니다.

생존권: 생명을 존중받을 권리, 안전한 공간에서 생활할 권리, 건강을 누릴 권리
보호권: 부모로부터 양육 받을 권리, 모든 폭력과 학대로부터 보호받을 권리, 경제적으로 착취당하지 않을 권리, 유해한 노동을 하지 않을 권리, 성폭력으로부터 보호받을 권리, 공격을 받지 않을 권리
발달권: 교육을 받을 권리, 신체적, 정신적, 사회적 발달에 적합한 생활을 누릴 권리, 양심의 자유, 종교의 자유, 문화 예술 활동에 참여할 권리
참여권: 자신에게 영향을 미치는 사건에 대해 의견을 말할 권리, 표현의 자유, 정보를 접하고 전달할 권리, 사생활을 보호받을 권리

아동학대의 유형

· **신체학대:** 보호자(부모님, 선생님)를 포함한 어른이 아동에게 신체적으로 고통을 주어 손상을 입히는

---

14 유엔 아동권리협약: 1989년 11월 20일 유엔총회에서 아동의 생존·발달·보호·참여에 관한 기본 권리를 명시한 협약.

행위입니다. 손, 발 등으로 때리기, 조르고 비틀기, 강하게 몸을 흔들기, 꼬집기, 물어뜯기, 할퀴기, 도구를 이용해 때리거나 위험한 물건으로 때리기, 신체를 묶기 등이 대표적인 예입니다.

- **정서학대:** 보호자를 포함한 어른이 아동에게 정신적 발달을 해칠 수 있는 정신적 폭력을 하는 행위입니다. 또 신체적으로 고통을 주었으나 신체의 손상까지는 주지 않은 행위도 정서학대에 해당합니다. 아동을 향해 욕을 하거나 적대적, 경멸적 언어폭력, 형제나 친구들과 비교, 차별, 편애하는 행위, 잠을 재우지 않거나 내쫓는 행위, 좁은 공간에 가두어 두기, 공으로 몸 맞히기, 다른 학생들을 시켜 때리게 하는 행위, 다른 아동에 대한 학대, 가정폭력을 보도록 하는 행위 등이 정서학대의 대표적인 예입니다.

- **성 학대:** 보호자를 포함한 성인이 자신의 성적 만족을 위해 성적 폭력, 성적 괴롭힘을 하는 행위입니다. 아동의 옷을 벗겨 몸을 본다거나 자신의 알몸, 성기를 아동에게 노출해 보여 주는 것, 음란물을 보여 주는 것, 아동에게 유사 성행위, 성교를 하는 행위, 성매매를 시키는 것, 성희롱이 성 학대에 해당합니다.

- **방임**: 보호자가 보호, 양육해야 함에도 아동에게 필요한 의식주, 교육, 의료적 제공을 하지 않거나 방치하는 행위입니다. 기본적인 음식이나 옷, 잠잘 곳을 제공하지 않는 것, 보호자가 아동을 두고 가출해 버리는 것, 이유 없이 학교를 가지 못하게 하는 것, 아동이 아픈데도 병원에 데려가지 않는 것, 아동을 보호하지 않고 버리는 등의 모습으로 발생합니다.

> **공포의 시간이 된 과외수업**
>
> 중학교 2학년인 혜원이는 방과 후 과외 교실을 다니고 있습니다. 과외 선생님은 수업 도중 혜원이가 제대로 암기하지 못했다는 이유로 혜원이의 허벅지를 꼬집고 혜원이의 뺨까지 때렸습니다. 사흘 뒤, 과외 선생님은 과외 교실에서 수업 도중 혜원이에게 3분 내에 수업 내용을 외우라고 하고 혜원이가 시간 내에 외우지 못했다는 이유로 뺨을 10대나 번갈아 가며 때렸습니다. 혜원이는 맞을까 봐 과외수업이 무서워지기 시작했습니다. 다음 수업 때는 맞지 않으려고 암기 숙제를 모두 외워 갔지만 혜원이가 모두 정답을 맞혔는데도 선생님은 "맞기 싫어서 외워 왔어? 그래도 때릴 거야"라며 또다시 손으로 혜원이의 뺨을 1대 때렸습니다. 그리고 다음 수업 날, 또 혼이 날까 긴장한

혜원이가 암기 내용을 제대로 대답하지 못하자 과외 선생님은 "멍청아, 그것도 몰라?"라고 말한 뒤, 옆에 있던 다른 과외 선생님에게 "얘는 너무 똑똑해서 암기도 제대로 못해요"라며 비꼬듯이 망신을 주고 "빨리 이거 외워, 너 틀리면 또 맞을 줄 알아"라며 겁을 주었습니다. 결국 혜원이는 도저히 참을 수 없어 부모님께 과외 교실에서의 일을 이야기했고, 과외선생님은 법원에서 신체학대, 그리고 마지막 수업에 대해서는 정서학대로 형사처벌을 받게 되었습니다.

나와 가장 가까운 곳에서 일어나는 폭력
- 가정폭력

가정폭력이란?

가정폭력은 가정 구성원이나 집에서 함께 생활하는 가족이 다른 구성원인 어른, 배우자, 자녀 등에게 신체적, 정신적으로 폭력을 행사하는 것을 의미합니다. 가정폭력도 폭행, 상해, 학대, 협박, 감금, 언어폭력, 강요, 강간, 강제추행, 물건 손괴 등 여러 형태로 발생하며 지속적이고 반복적으로 일어납니다. 오래전에는 가정폭력은 신고해야 할 범죄가 아니라 가족끼리 참고 해결해야 하는 것이라고 생각하던 때도 있었습니다. 그러나 안전하고 편안해야 할 사회의 최소 단위인 가정에서 발생하는 폭력은 피해자는 물론 가족 모두에게 큰 고통을 안겨 줍니다. 가정폭력 또한 분명한 범죄행위입니다. 법에서도 가해자를 처벌하고 다른 구성원이 가정폭력으로부터 보호를 받을 수 있도록 정하고 있습니다.

가정폭력범죄의 처벌 등에 관한 특례법

제2조(정의) 이 법에서 사용하는 용어의 뜻은 다음과 같다.

1. 가정폭력이란 가정구성원 사이의 신체적, 정신적 또는 재산상 피해를 수반하는 행위를 말한다.

2. 가정구성원이란 다음 각 목의 어느 하나에 해당하는 사람을 말한다.

　가. 배우자(사실상 혼인관계에 있는 사람을 포함한다. 이하 같다) 또는 배우자였던 사람

　나. 자기 또는 배우자와 직계존비속관계(사실상의 양친자관계를 포함한다. 이하 같다)에 있거나 있었던 사람

　다. 계부모와 자녀의 관계 또는 적모(嫡母)와 서자(庶子)의 관계에 있거나 있었던 사람

　라. 동거하는 친족

4. 가정폭력행위자란 가정폭력범죄를 범한 사람 및 가정구성원인 공범을 말한다.

5. 피해자란 가정폭력범죄로 인해 직접적으로 피해를 입은 사람을 말한다.

가정폭력의 유형

· **배우자에 대한 폭력**: 부모님 중에 어느 한쪽이 다른 한쪽에게 폭력을 행사하는 것을 말합니다. 성장과정에서 부모님의 폭력을 보고 자란 친구들은 마음 한편에 불안함과 우울함을 가지고 있을 수밖에 없습니다. 심각한 경우, 부모님의 폭력적인 모습을 보고 배

운 자녀가 다른 가족이나 친구들에게 공격적인 모습을 보이기도 합니다. 이렇듯 배우자에 대한 폭력은 가족 모두를 피해자로 만들기도 합니다.

· **부모님의 자녀에 대한 폭력:** 친아버지, 친어머니 혹은 새아버지, 새어머니가 자녀에게 폭력을 행사해 자녀가 가정폭력의 직접적인 피해자가 되는 것입니다. 앞서 살펴본 아동학대를 부모님이 저지른다면 이는 가정폭력에 해당됩니다. 실제로 아동학대의 10건 중 8건은 부모님이 가해자일 만큼 부모님으로 인한 가정폭력이 많이 일어납니다.[15] 가장 사랑하고 보호해 주어야 할 부모님에게 당하는 폭력은 다른 누군가에게 당하는 폭력보다 큰 상처로 남을 것입니다.

· **형제, 자매, 남매에 대한 폭력:** 오빠, 형, 언니, 누나가 동생에게 폭력을 행사하는 것입니다. 일회성의 말다툼, 몸싸움이 아닌 지속적이고 일방적으로 폭언, 폭행 등을 가한다면 이 역시도 가정폭력에 해당합니다.

---

15 아동학대 사건의 가해자 중 45.8%는 친아버지, 29.7%는 친어머니, 2%는 새아버지, 2%는 새어머니 순으로 조사되었습니다. (보건복지부 '2015 전국아동학대현황보고서')

부모님의 체벌도 가정폭력일까?

예전에는 민법에서 '친권자는 그 자를 보호 또는 교양하기 위해 필요한 징계를 할 수 있다'고 명시해 부모님의 징계권을 인정했습니다. 이를 근거로 체벌이 이루어졌지요. 그런데 체벌이라는 명목으로 가정폭력이 많이 일어나기도 했습니다. 예를 들어 2019년 4월, 숙제와 공부를 제대로 하지 않고 TV를 본다는 이유로 효자손으로 만 10세 자녀의 머리, 팔, 허벅지, 엉덩이, 어깨 등을 세게 때려 멍들게 한 어머니가 기소되었습니다. 이에 법원에서는 어머니가 자녀에게 가정폭력과 신체학대를 가한 것으로 판단했습니다. 이처럼 자녀에 대한 가정폭력과 아동학대가 계속해서 발생하자 국회는 자녀의 체벌을 막기 위해 민법의 징계권 규정을 삭제했습니다. 앞으로는 부모님의 사소한 체벌도 사라질 것으로 보입니다.

아동학대와 가정폭력,
어떻게 막을 수 있을까?

아동학대와 가정폭력이 발생했을 때

… 현장에서 벗어나기

아동학대, 가정폭력은 부모님, 선생님, 형제 등 나와 가까운 사람이 지속적이고 반복적으로 가하는 경우가 많습니다. 그렇기 때문에 참아야 한다고 생각하거나 스스로도 폭력에 둔감해져 당하고만 있는 경우가 있습니다. 그러나 더 큰 폭력에 노출되지 않고 스스로를 지킬 수 있도록 만약 누군가가 나에게 폭력을 휘두른다면 재빨리 그 현장에서 벗어나 주변에 도움을 요청해야 합니다.

… 기록하기

부모님이나 선생님 등 어른에게 신체 폭행, 폭언이나

욕설 등의 언어폭력으로 정서적 학대나 가정폭력을 당했다면 스마트폰을 이용해 그 상황을 녹음하는 것이 좋습니다. 그러나 순간적으로 일이 발생하거나 당황해 녹음하기 어려운 경우라면 이후에라도 반드시 기록을 해 두도록 합니다(73쪽 '기록하기' 참고).

··· 어른에게 알리기

아동학대, 가정폭력은 혼자서 해결하기가 어렵습니다. 따라서 믿을 만한 어른에게 피해 사실을 알려 조언을 구하고, 병원에 가서 치료를 받거나 신고를 하는 등 적절한 도움을 받는 것이 중요합니다. 예를 들어 선생님에게 학대를 당했다거나, 부모님이 아닌 가족 구성원에게 가정폭력을 당했다면 부모님께 상황을 이야기합니다. 만약 가정폭력의 가해자가 부모님이라거나 부모님께 알렸어도 부모님께서 아무런 도움을 주지 않는다면 선생님이나 주변의 어른에게 알리도록 합니다. 법에서는 아동학대나 가정폭력의 피해 당사자가 아니더라도 피해 사실을 알았다면 누구든지 신고할 수 있도록 하고 있습니다. 특히 선생님 같은 경우에는 피해 사실을 알았을 때 경찰에 신고할 의무가 있기 때문에 피해 학

생이 직접 신고하지 않더라도 충분히 법적인 도움을 받
을 수 있습니다.

아동학대범죄의 처벌 등에 관한 특례법

제10조(아동학대범죄 신고의무와 절차)

① 누구든지 아동학대범죄를 알게 된 경우나 그 의심이 있는 경우에
는 아동보호전문기관 또는 수사기관에 신고할 수 있다.

② 다음 각 호의 어느 하나에 해당하는 사람이 직무를 수행하면서
아동학대범죄를 알게 된 경우나 그 의심이 있는 경우에는 아동보호
전문기관 또는 수사기관에 신고해야 한다.

　4. 「가정폭력방지 및 피해자보호 등에 관한 법률」 제5조에 따른
　　　가정폭력 관련 상담소 및 같은 법 제7조의2에 따른 가정폭력피
　　　해자 보호시설의 장과 그 종사자

　13. 「유아교육법」 제2조제2호에 따른 유치원의 장과 그 종사자

　14. 아동보호전문기관의 장과 그 종사자

　18. 「청소년기본법」 제3조제6호에 따른 청소년시설 및 같은 조
　　　제8호에 따른 청소년단체의 장과 그 종사자

　20. 「초·중등교육법」 제2조에 따른 학교의 장과 그 종사자

　22. 「학원의 설립·운영 및 과외교습에 관한 법률」 제6조에 따른
　　　학원의 운영자·강사·직원 및 같은 법 제14조에 따른 교습소
　　　의 교습자·직원

가정폭력범죄의 처벌 등에 관한 특례법

제4조(신고의무 등)

① 누구든지 가정폭력범죄를 알게 된 경우에는 수사기관에 신고할 수 있다.

② 다음 각 호의 어느 하나에 해당하는 사람이 직무를 수행하면서 가정폭력범죄를 알게 된 경우에는 정당한 사유가 없으면 즉시 수사기관에 신고해야 한다.

　1. 아동의 교육과 보호를 담당하는 기관의 종사자와 그 기관장

③ 「아동복지법」에 따른 아동상담소, 「가정폭력방지 및 피해자보호 등에 관한 법률」에 따른 가정폭력 관련 상담소 및 보호시설, 「성폭력방지 및 피해자보호 등에 관한 법률」에 따른 성폭력피해상담소 및 보호시설(이하 상담소 등이라 한다)에 근무하는 상담원과 그 기관장은 피해자 또는 피해자의 법정대리인 등과의 상담을 통해 가정폭력범죄를 알게 된 경우에는 가정폭력피해자의 명시적인 반대의견이 없으면 즉시 신고해야 한다.

… **상담받기**

내가 겪고 있는 것이 아동학대 혹은 가정폭력이 맞는지, 어떻게 해결해야 하는지, 어떤 도움을 받을 수 있는지 고민된다면 아래의 전문기관에서 상담을 받아 보는 것이 좋습니다.

▶ 아동보호전문기관: 전국아동보호전문기관 주소록(http://child.seoul.go.kr/archives/168)을 통해 가까운 아동보호전문기관을 확인 후 전화 또는 방문해 상담받기

▶ 서울특별시 아동복지센터: 홈페이지(https://child.seoul.go.kr) 온라인 상담 코너를 통해 상담받기

▶ 해바라기 센터: 24시간 상담이 가능한 해바라기 센터로 전화(1899-3075)해 아동학대, 가정폭력에 대해 상담받거나 홈페이지(http://www.mogef.go.kr)에서 가까운 센터를 확인하고 방문하기

▶ 여성긴급전화 1366: 지역번호를 함께 누르고 1366으로 전화해 가정폭력 피해에 대해 상담받기

▶ 1366 채팅 상담: 1366 홈페이지(https://www.women1366.kr)의 24시간 채팅 상담 혹은 게시판을 통해 상담받기

▶ 건강가정지원센터: 전화(1577-9337)로 상담하거나 또는 홈페이지(https://familynet.or.kr)의 온라인 상담 게시판을 통해 상담받기

▶ 한국가정법률상담소: 가정폭력과 관련해 전화(1644-7077)해서 상담받기 또는 홈페이지 사이버 상담실(http://lawhome.or.kr)을 통해 상담받기

▶ 청소년 상담 1388: 지역번호를 함께 누르고 1388으로 전화해 아동학대, 가정폭력에 대한 상담받기

▶ 1388 온라인 상담: 1388 홈페이지(www.cyber1388.kr)의 24시간 채팅 상담 혹은 게시판을 통해 상담받기

▶ 1388 문자, 카카오톡 상담: 24시간 상담이 가능한 휴대폰 문자 #1388로 고민 전송, 카카오톡플러스 친구에서 #1388과 친구 맺기 후 상담받기

… 신고하기

아동학대와 가정폭력 또한 다른 폭력 범죄와 마찬가지로 경찰에 신고, 고소를 할 수 있습니다. 부모님 또는 선생님, 나와 가까운 가족을 경찰에 신고한다는 것이 어렵고 힘든 결정일 수 있습니다. 그러나 참고 넘어가는 것은 결코 좋은 방법이 아닙니다. 나에게 폭력을 가하고 상처를 준 사람들로부터 스스로를 지켜야 합니다. 아동학대와 가정폭력을 당했다면 그 즉시 경찰에 신고하도록 합니다. 곧바로 현장에 출동한 경찰이 폭력행위를 막아 주고 필요한 경우에는 상담소, 보호시설 또는 의료기관의 도움을 받을 수 있도록 응급조치를 취해 줄 수 있습니다.

> ▶ 경찰에 전화나 문자로 신고하기: 국번 없이 112로 연락해 신고하기
> ▶ 경찰서에 신고, 고소하기: 경찰서에 방문해 고소장을 작성한 후 민원실, 여성, 청소년 수사팀에 신고, 고소하기

가족 구성원이 가정폭력 당하는 것을 목격했을 때

내가 아닌 다른 가족 구성원이 가정폭력의 가해자이거나 피해자일 때 신고를 하거나 주변에 알렸다가 일이 더욱

커지지 않을까 하는 두려움 때문에 신고하지 못하는 경우가 많이 있습니다. 그러나 더 큰 피해를 막고 도움이 절실한 피해 가족 구성원을 위해 용기를 내라고 이야기하고 싶습니다. 경찰에 신고하거나 주변에 피해 사실을 알려 가정폭력이 지속되는 것을 막아야 합니다.

친구 또는 주변에서 아동학대나 가정폭력이 의심될 때

친구 또는 주변에서 다음과 같은 징후가 보인다면 아동학대나 가정폭력을 의심해 볼 수 있습니다.

체크리스트[16]

· 사고를 당했다고 하기에는 미심쩍은 멍이나 상처가 보인다.

· 보호자에게 심한 체벌을 당했다.

· 영양이 부족해 보이거나, 적절하지 못한 영양섭취를 보인다.

· 계절에 맞지 않는 옷을 자주 입고, 청결하지 못한 외모를 보인다.

· 자주 결석하거나 결석하는 이유가 분명하지 않다.

· 보호자에게 거부감과 두려움을 보이고 집으로 돌아가는 것을 무서워한다.

· 비명, 울음소리, 신음소리가 반복해서 들린다.

---

16 중앙아동보호전문기관 '아동학대 체크리스트' 중

이 중 1개 이상에 해당한다면 아동학대 혹은 가정폭력을 의심해 볼 수 있습니다. 이럴 때는 부모님이나 선생님에게 알리거나 경찰에 신고해 피해 친구를 도와줄 수 있도록 합니다. 신고자가 누구인지는 철저하게 비밀이 보장되며, 만에 하나라도 가해자에게 해를 당할 우려가 있는 경우라면 경찰에 신변경호, 주기적인 순찰, CCTV 설치, 주거에 대한 보호 등 신변 보호에 필요한 조치를 받을 수 있습니다.

나를 지켜 주는 법

학교폭력예방법

학교폭력예방법은 학교 내외에서 학생을 대상으로 발생한 폭력을 '학교폭력'으로 규정하고 있습니다. 이때 주목할 점은 학생을 대상으로 한 폭력이라면 가해자가 학생이 아닌 어른일 경우에도 학교폭력에 해당한다는 것입니다. 그러므로 2장의 학교폭력과 마찬가지로 아동학대, 가정폭력에도 학교폭력예방법이 적용되며, 학교폭력대책심의위원회가 열려 사건을 심의하게 됩니다(86쪽 '학교폭력 처리 절차' 참고).

다만 학교폭력대책심의위원회와 학교는 가해자가 어른일 경우, 가해 학생에게처럼 징계를 내릴 수는 없습니다. 하지만 피해 학생 보호조치(학교폭력예방법 제16조)에 따라 피해 학생이 아동학대와 폭력으로부터 보호받을 수 있다는 점에서 의미가 있습니다. 학내외 전문가에 의한 심리상담 및 조언(1호)을 받을 수 있고, 예를 들어 가해자가 선생님인 경우 심리적 안정이 필요하다고 판단하면 집에서 학습하게 하는 등 일시 보호(2호)를 받을 수 있습니다. 또 치료가 필요한 경우에는 치료 및 치료를 위한 요양(3호) 조치를 받을 수 있고, 피해 학생이 원한다면 학급교체(4호)도 가능합니다. 이러한 조치 외에도 그 밖에 피해 학생 보호를 위해 필요한 조치(6호)로서 피해 학생에게 필요한 것이 있다면 학교폭력대책심의위원회에서 결정해 조치를 내릴 수 있습니다.

각 유형별 처벌 규정

아동학대와 가정폭력 역시 형법 등에서 정한 범죄에 해당해 신고 또는 고소된 경우 범죄행위로서 보호처분 또는 형사처벌을 받을 수 있습니다. 해당 유형별 처벌 규정은 아래와 같습니다.

… 신체적 학대를 한 경우

· **아동복지법위반죄(신체적 학대)(아동복지법 제71조 제1항 제2호)**: 제17조 제3호 아동의 신체에 손상을 주거나 신체의 건강 및 발달을 해치는 신체적 학대행위를 한 자는 5년 이하의 징역 또는 5천만 원 이하의 벌금에 처한다.

… 정서적 학대를 한 경우

· 아동복지법위반죄(정서적 학대)(아동복지법 제71조 제1항
  제2호): 제17조 제5호 아동의 정신건강 및 발달에 해
  를 끼치는 정서적 학대행위를 한 자는 5년 이하의
  징역 또는 5천만 원 이하의 벌금에 처한다.

… 성적 학대를 한 경우

· 아동복지법위반죄(성적 학대)(아동복지법 제71조 제1항 제1
  호의 2): 제17조 제2호 아동에게 음란한 행위를 시키
  거나 이를 매개하는 행위 또는 아동에게 성적 수치
  심을 주는 성희롱 등의 성적 학대행위를 한 자는 10
  년 이하의 징역 또는 1억 원 이하의 벌금에 처한다.

… 방임을 한 경우

· 아동복지법위반죄(방임)(아동복지법 제71조 제1항 제2호):
  제17조 제6호 자신의 보호·감독을 받는 아동을 유
  기하거나 의식주를 포함한 기본적 보호·양육·치료
  및 교육을 소홀히 하는 방임행위를 한 자는 5년 이
  하의 징역 또는 5천만 원 이하의 벌금에 처한다.

**··· 아동학대 신고 의무자가 아동학대를 한 경우 가중
처벌**

· **아동복지시설의 종사자 등에 대한 가중처벌(아동학대범죄의
처벌에 관한 특례 제7조):** 제10조 제2항 각 호에 따른
아동학대 신고의무자가 보호하는 아동에 대해 아
동학대범죄를 범한 때는 그 죄에 정한 형의 2분의 1
까지 가중한다.

· **제10조(아동학대범죄 신고의무와 절차):** ② 다음 각 호의
어느 하나에 해당하는 사람이 직무를 수행하면서
아동학대범죄를 알게 된 경우나 그 의심이 있는 경
우에는 아동보호전문기관 또는 수사기관에 신고해
야 한다.

4. 「가정폭력방지 및 피해자보호 등에 관한 법률」
제5조에 따른 가정폭력 관련 상담소 및 같은 법
제7조의 2에 따른 가정폭력피해자 보호시설의 장
과 그 종사자

13. 「유아교육법」 제2조 제2호에 따른 유치원의
장과 그 종사자

14. 아동보호전문기관의 장과 그 종사자

18. 「청소년기본법」 제3조 제6호에 따른 청소년

시설 및 같은 조 제8호에 따른 청소년단체의 장과
그 종사자

20. 「초·중등교육법」 제2조에 따른 학교의 장과
그 종사자

22. 「학원의 설립·운영 및 과외교습에 관한 법률」
제6조에 따른 학원의 운영자·강사·직원 및 같은
법 제14조에 따른 교습소의 교습자·직원

경찰에 신고했을 때 절차와 보호방법

… 고소에서 재판까지

아동학대의 경우 일반 범죄와 마찬가지로 경찰, 검찰에
서 피해자의 학대 피해 사실을 확인하고 수사를 통해
가해자가 아동학대를 했는지 조사, 증거를 확보합니다
(99쪽 '경찰에 신고했을 때 절차와 보호방법' 참고). 이후 가해자에게 적
용되는 범죄 처벌 규정에 따라 형사 재판으로 넘겨 형
사처벌을 받게 됩니다. 단, 예외적으로 검찰에서 검사
가 아동학대 범죄를 수사한 결과 사건의 성질, 동기, 가
해자와 피해자의 관계, 가해자의 개선 가능성, 피해자
의 의사 등을 고려했을 때 형사재판이 아닌 보호처분
을 하는 것이 적절하다고 판단하는 경우에는 '아동보

호사건'으로 처리해 가정법원으로 보낼 수 있습니다(아동학대 범죄의 처벌 등에 관한 특례법 제27조). 또한 가정법원 판사가 보호처분이 필요하다고 판단하는 경우에는 아동학대행위자가 피해 아동 또는 가족 구성원에게 접근하는 행위의 제한(1호), 휴대폰이나 인터넷, 우편 등을 통해 접근하는 행위의 제한(2호), 친권 행사의 제한 또는 정지(3호), 사회봉사, 수강명령(4호), 보호관찰(5호), 보호시설 위탁(6호), 의료기관에 치료 위탁(7호), 아동보호 전문기관, 상담소 등에 상담 위탁(8호) 등의 보호처분을 내리게 됩니다(아동학대 범죄의 처벌 등에 관한 특례법 제36조).

가정폭력도 일반 범죄와 같은 절차로 진행하되 예외적으로 검찰에서 검사가 사건의 성질, 동기, 가정폭력행위자의 평소 행실, 피해자의 의사 등을 고려해 형사재판이 아닌 보호처분을 하는 것이 적절하다고 판단하는 경우에는 '가정보호사건'으로 처리해 가정법원으로 보낼 수 있습니다(가정폭력범죄의 처벌 등에 관한 특례법 제9조). 가정법원 판사가 보호처분이 필요하다고 판단하는 경우에 가정폭력행위자가 피해자 또는 가족 구성원에게 접근하는 행위의 제한(1호), 휴대폰, 인터넷 등 전기통신, 우편을 이용해 접근하는 행위의 제한(2호), 친권 행사의 제한(3호), 사회봉사, 수강명령(4호), 보호관찰(5호), 보호시설 위탁(6호), 의료기관에 치료 위탁(7호), 아동보호전문기관, 상담소 등에 상담 위탁(8호) 등의 보호처분을 내리게 됩니다(가정폭력범죄의 처벌 등에 관한 특례법 제40조).

… 경찰에 신고하면 어떤 도움을 받을 수 있을까?

아동학대 혹은 가정폭력 신고가 접수되면 그 즉시 경찰이 현장에 출동해 폭력행위를 제지하고 피해자와 가해자를 격리합니다. 피해자가 원할 경우에는 보호시설에서 머무르거나 의료기관에서 치료를 받도록 도와줍니다. 만약 경찰이 아동학대, 가정폭력의 재발 우려가 있고 긴급한 상황이라고 판단할 경우 ① 가해자에게 주거로부터 퇴거 등 격리 ② 집, 학교 등에서 100미터 이내의 접근 금지 ③ 휴대폰, 인터넷 등 전기통신을 이용한 접근 금지 등 긴급 임시조치를 해 줄 수 있으며, 반대로 피해자가 경찰에게 긴급 임시조치를 요청할 수도 있습니다(아동학대 범죄의 처벌 등에 관한 특례법 제12조, 제13조, 가정폭력범죄의 처벌 등에 관한 특례법 제5조, 제8조의2).

··· 경찰에 신고하지 않고도 가정폭력으로부터 보호받을 수 있는 방법

가해자를 경찰에 신고하거나 가해자가 형사처벌을 받는 것까지는 원하지 않지만 가정폭력에서 벗어나고 싶은 경우에 보호받을 수 있는 방법이 있습니다. 바로 '가정폭력 피해자 보호 명령'제도입니다. 피해자가 직접 가정법원에 청구를 하면 판사는 가해자에게 ① 피해자 또는 가정구성원의 주거 또는 점유하는 방실로부터의 퇴거 등 격리 ② 피해자 또는 가정구성원이나 그 주거·직장 등에서 100미터 이내의 접근 금지 ③ 피해자 또는 가정구성원에 대한 휴대폰, 인터넷 등을 이용한 접근 금지 ④ 친권자인 가정폭력행위자의 피해자에 대한 친권 행사의 제한을 명령할 수 있습니다. 피해자 보호 명령 기간은 1년까지이며 추가로 기간 연장이 필요한 경우 피해자가 청구하면 2개월씩 연장하여 최대 3년까지 연장할 수 있습니다(가정폭력범죄의 처벌 등에 관한 특례법 제55조의 2, 3).

··· 아동학대, 가정폭력 피해자 지원기관

아동학대, 가정폭력 피해자는 지원 기관을 통해 상담은 물론 의료지원, 수사지원, 심리지원 등을 받을 수 있습니다.

아동보호전문기관	· 학대받은 아동을 발견하고 보호, 현장 조사, 치료에 대한 지원, 피해 아동과 가족 및 가해자를 위한 상담, 치료, 교육을 하는 기관입니다. 전국아동보호전문기관 주소록(http://child.seoul.go.kr/archives/168)에서 가까운 아동보호전문기관을 확인하여 전화하거나 직접 방문하여 도움을 받을 수 있습니다. · 아동학대 신고 접수 및 상담 지원 · 피해 아동 및 가족에 대한 지원: 아동학대 행위 제지, 가해자 격리, 접근 금지 등 긴급 임시조치 신청, 피해아동을 보호시설 및 의료기관에서 도움 받을 수 있도록 지원 · 수사지원: 진술 조력, 국선변호인 신청 지원, 조사 시 신뢰관계인 동석
해바라기 센터	· 가정폭력 피해자와 가족을 대상으로 365일 24시간 각종 지원을 제공하는 곳입니다. 여성가족부 해바라기 센터 홈페이지(http://www.mogef.go.kr)를 통해 전국 각지에 있는 해바라기 센터 위치와 전화번호를 확인할 수 있습니다. · 상담지원: 24시간 상담, 사례접수, 법적자문, 가족 상담 · 의료지원: 응급처치, 산부인과 진료, 증거채취, 심리치료, 정신과 치료, 가족치료 · 수사지원: 고소지원, 피해자 조서 작성 지원, 진술녹화 지원

가정폭력상담소	· 가정에서 폭력을 겪는 피해자에게 무료로 상담, 의료지원, 법적지원을 하는 곳입니다. 가정폭력상담소 (02-2263-6464)를 통해 전국 250여 개의 상담소를 안내받을 수 있습니다. · 상담지원: 전화상담(02-2263-6464), 면접 상담 · 의료지원: 가정폭력으로 인한 신체적, 정신적 피해에 대한 의료비 지원 · 법률지원: 법률 상담, 민·형사 소송 지원, 수사 및 재판 시 동행
여성긴급전화 1366	· 여성·아동·청소년 피해자가 365일 24시간 언제든지 피해 상담을 받을 수 있도록 마련되어 있습니다. 여성긴급전화 1366은 가까운 상담소, 보호시설, 112, 119 등에서 즉시 도움을 받을 수 있도록 하며 전문 상담소, 경찰, 병원, 법률기관과 연계해 피해자를 지원합니다. 국번 없이 1366 또는 특정 지역의 상담 요청 시 해당 지역의 지역번호를 함께 누르고 1366으로 전화하면 됩니다. · 긴급구조 및 보호를 위한 전화상담 지원 · 가까운 상담소, 보호시설, 112, 119등에 즉시 도움을 받을 수 있도록 지원
학대 피해 아동 쉼터	· 아동학대 신고 접수 후 피해 아동을 분리해서 보호할 필요가 있다고 판단할 경우 피해 아동을 지원하는 곳입니다. 아동보호전문기관을 통해 신청할 수 있습니다. · 보호지원: 피해 아동을 시설에 거주해 보호, 숙식 제공, 의복 등 생필품 지원 · 안정지원: 학업 지도, 안전교육 등 교육 및 정서 지원 · 치료지원: 심리검사, 심리치료, 병원치료 지원

가정폭력 쉼터	· 가정폭력 피해자 및 가족에게 긴급피난처, 보호시설을 제공하는 곳입니다. 가정폭력 쉼터는 피해자의 보호를 위해 시설의 위치나 정보를 비공개로 운영하고 있습니다. 쉼터에 대한 정보는 여성긴급전화 1366이나 가정폭력상담소를 통해 안내받을 수 있습니다. · 보호지원: 무료 숙식, 긴급피난처, 단기 보호, 장기보호, 가족 보호 · 의료지원: 가정폭력으로 인한 신체적, 정신적 피해에 대한 의료지원 · 안정지원: 미성년자에 대한 교육지원, 방과 후 교실, 심리상담 지원
청소년 상담 1388	· 가정폭력 등의 피해를 당한 청소년과 가족에게 365일, 24시간 내내 상담과 지원, 쉼터를 제공하는 기관입니다. 지역번호를 함께 누르고 1388으로 전화하여 도움을 요청할 수 있습니다. 홈페이지(http:// www. cyber1388.kr)를 통해 전국 각지에 있는 센터의 위치와 전화번호를 확인할 수 있습니다. · 상담지원: 24시간 전화 상담, 청소년상담복지센터 방문상담 지원 · 안정지원: 경제적 지원(생활비, 학업비 등), 의료, 법률, 자립지원 · 보호지원: 청소년 쉼터에서 의, 식, 주 등 생활 보호, 학업 도움, 경제적 자립을 위한 도움 지원

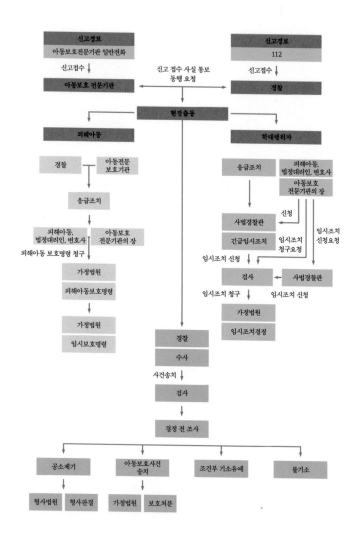

〈아동학대 사건 처리 절차 흐름도〉

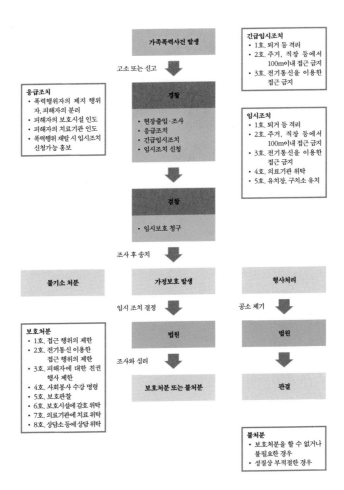

가족폭력사건 발생

고소 또는 신고

긴급임시조치
- 1호. 퇴거 등 격리
- 2호. 주거, 직장 등에서 100m이내 접근 금지
- 3호. 전기통신을 이용한 접근 금지

응급조치
- 폭력행위자의 제지 행위자, 피해자의 분리
- 피해자의 보호시설 인도
- 피해자의 치료기관 인도
- 폭력행위 재발 시 임시조치 신청가능 홍보

경찰
- 현장출입·조사
- 응급조치
- 긴급임시조치
- 임시조치 신청

임시조치
- 1호. 퇴거 등 격리
- 2호. 주거, 직장 등에서 100m이내 접근 금지
- 3호. 전기통신을 이용한 접근 금지
- 4호. 의료기관 위탁
- 5호. 유치장, 구치소 유치

검찰
- 임시보호 청구

조사 후 송치

불기소 처분

가정보호 발생

형사처리

임시 조치 결정

공소 제기

보호처분
- 1호. 접근 행위의 제한
- 2호. 전기통신 이용한 접근 행위의 제한
- 3호. 피해자에 대한 친권 행사 제한
- 4호. 사회봉사 수강 명령
- 5호. 보호관찰
- 6호. 보호시설에 감호 위탁
- 7호. 의료기관에 치료 위탁
- 8호. 상담소 등에 상담 위탁

법원

조사와 심리

보호처분 또는 불처분

법원

판결

불처분
- 보호처분을 할 수 없거나 불필요한 경우
- 성질상 부적절한 경우

〈 가정학대 사건 처리 절차 흐름도 〉

법정으로 간 아동학대, 가정폭력

사례 1 **말로 학생들을 학대한 선생님**

2016년의 일입니다. 음악 선생님이었던 A 씨는 자신이 가르치던 초등학교 4학년 학생들의 행동이 마음에 들지 않는다는 이유로 수업 도중에 "이 음치 새끼야", "나가 놀다가 죽어라"라며 큰소리를 치거나 욕을 했습니다. 수업을 들은 학생들에게 이 사실을 전해들은 부모님들이 A 씨를 학교에 신고했고, 이에 불만을 품은 A 씨는 피해 학생 중 한 명에게 "너희 엄마에게 말해서 신고한 거냐"라고 물으며 신고 사실을 추궁했습니다. 수사가 진행되는 중에도 A 씨는 학생들에게 "나는 잘못한 것이 없는데 너희 부모님들이 나를 고소해서 매우 괴롭다. 나도 너희 부모님을 고소할 수 있다", "너희에게도 복수할 거다. 특히 나 신고한 애들은 천 배 만 배로 갚아 주겠다"라며 겁을 주었습니다.

법원은 A 씨에게 '피고인은 초등학교 교사로서 학생들이 건강한 사회구성원으로 성장할 수 있도록 지도하고 보호해야 할 위치에 있음에도 불구하고 그 본분과 이에 대한 학부모의 신뢰를 저버리고 피해 학생들에게 정서적 학대행위 또는 신체적 학대행위를 했다. 피고인은 자신의 잘못된 언행을 지적하는 아이들의 상처받은 마음을 헤아려 문제를 해결하려는 노력은 하지 않은 채 자신의 억울함만을 주장하며 지속적으로 아이들을 추궁하는 등 단기간에 반복적으로 정서적 학대행위를 한 점에 비추어 그 죄책이 가볍지 않고, 피해 학생들 내지 그 부모들로부터 용서받지도 못했다'라며 아동학대범죄의 처벌 등에 관한 특례법 위반죄로 징역 10개월과 40시간의 아동학대 치료 강의를 명령했습니다.

아버지의 가정폭력

2015년 아버지인 A 씨는 자녀 B(여, 17세), C(여, 13세), D(남, 9세)에게 수차례 가정폭력을 저질렀습니다. 아이들에게 독서 감상문을 작성하라고 한 뒤 제대로 작성하지 않았다는 이유로 한겨울에 내복만 입힌 채 집 밖으로 내쫓아 1시간가량 추위에 떨게 하거나 아내와 다툰 후에 화가 난다는 이유로 B, C, D를 승용차에 태워 난폭운전을 하며 피해자들을 겁에 질리게 하기도 했습니다. 또한 '동생이 잘못하면 큰애가 맞아야 한다'며 파리채로 B의 손바닥을 수 회 때리기도 했습니다.

법원은 아버지인 A 씨에게 자녀들과 함께 살던 집에서 퇴거할 것과 함께 자녀들이 거주하고 있는 집에 들어가지 말 것, 자녀들의 집으로부터 100미터 이내 접근하지 말 것 등을 함께 명령했습니다. 그리고 이후 형사재판에서는 자녀들에게 정서적 학대를 한 사실이 인정되어 징역 1년의 처벌을 받았습니다.

아동학대 및 가정폭력 피해자 지원기관

아동보호전문기관

학대받은 아동을 발견하고 보호, 현장 조사, 치료에 대한 지원, 피해 아동과 가족 및 가해자를 위한 상담, 치료, 교육을 하는 기관입니다. 전국아동보호전문기관 주소록(http://child.seoul.go.kr/archives/168)에서 가까운 아동보호전문기관을 확인하여 전화하거나 직접 방문하여 도움을 받을 수 있습니다.

여성긴급전화 1366

여성·아동·청소년 피해자가 365일 24시간 언제든지 피해 상담을 받을 수 있도록 마련되어 있습니다. 여성긴급전화 1366은 가까운 상담소, 보호시설, 112, 119 등에서 즉시 도움을 받을 수 있도록 하며 전문 상담소, 경찰, 병원, 법률기관과 연계해 피해자를 지원합니다. 국번 없이 1366 또는 특정 지역의 상담 요청 시 해당 지역의 지역번호를 함께 누르고 1366으로 전화하면 됩니다.

해바라기 센터

가정폭력 피해자와 가족을 대상으로 365일 24시간 각종 지원을 제공하는 곳입니다. 여성가족부 해바라기센터 홈페이지(http://www.mogef.go.kr)를 통해 전국 각지에 있는 해바라기 센터 위치와 전화번호를 확인할 수 있습니다.

가정폭력상담소

가정에서 폭력을 겪는 피해자에게 무료로 상담, 의료지원, 법적지원을 하는 곳입니다. 가정폭력상담소(02-2263-6464)를 통해 전국 250여 개의 상담소를 안내받을 수 있습니다.

학대 피해 아동 쉼터

아동학대 신고 접수 후 피해 아동이 분리보호가 필요하다고 판단될 경우 피해 아동을 지원하는 곳입니다. 아동보호전문기관을 통해 신청할 수 있습니다.

가정폭력 피해자 쉼터

가정폭력 피해자 및 가족에게 긴급피난처, 보호시설을 제공하는 곳입니다. 가정폭력 쉼터는 피해자의 보호를 위해 시설의 위치나 정보를 비공개로 운영하고 있습니다. 쉼터에 대한 정보는 여성긴급전화 1366이나 가정폭력상담소를 통해 안내받을 수 있습니다.

청소년 상담 1388

가정폭력 등의 피해를 당한 청소년과 가족에게 365일, 24시간 내내 상담과 지원, 쉼터를 제공하는 기관입니다. 지역번호를 함께 누르고 1388으로 전화하여 도움을 요청할 수 있습니다. 홈페이지(http:// www.cyber1388.kr)를 통해 전국 각지에 있는 센터의 위치와 전화번호를 확인할 수 있습니다.

Q. 학교폭력대책심의위원회에서 가해자 친구에게 10일간 교내 봉사를 하라는 징계를 내렸어요. 그런데 같은 반이다 보니 계속 마주치는 게 불편하고 보복을 당할까 두려워요. 그 친구를 다른 반으로 보내고 싶은데 방법이 있을까요?

A. 학교폭력대책심의위원회의 결정에 불복하는 경우에는 행정심판을 통해 가해 학생에게 징계를 다시 내려달라고 청구할 수 있습니다. 또한 같은 반에서 생활하던 도중 가해 학생이 2차 가해를 했다면 학교폭력 신고 시, 교내 봉사보다 높은 수준의 징계인 학급 교체가 이루어질 수도 있습니다.

Q. 친구 한 명과 시비가 붙어 말다툼을 하던 중에 다른 친구 두 명이 가세해서 3 대 1로 싸우게 되었어요. 몸싸움으로 번지게 되었는데 3명한테 맞다 보니 제가 더 많이 맞았어요. 이럴 경

우에 저도 똑같은 수준의 징계나 처벌을 받는 건가요?

A. 이 경우에는 쌍방폭행으로 인정됩니다. 덜 맞았다고 해서 가해자가 아닌 것은 아닙니다. 학교폭력대책심의위원회는 쌍방폭행에 대해 싸움에 이르게 된 경위와 양측의 폭행 정도, 피해 정도 등을 살펴 징계 수준을 결정합니다. 상대방 학생들이 세 명이서 집단으로 때렸고, 더 많이 때렸다면 질문자는 상대방보다 다소 가벼운 징계를 받을 가능성이 있습니다.

Q. 친구와 싸웠는데 이 친구가 다른 친구들까지 끌어들여서 매일 저에게 전화를 걸어 욕설과 협박을 해요. 그런데 녹음 기능이 없는 핸드폰이라 증거를 만들 수가 없어요. 이럴 땐 어떻게 해야 할까요?

A. 앞으로는 전화가 오면 스피커폰으로 전환한 후에 다른 핸드폰이나 녹음기를 이용해 가해 학생들의 욕설과 협박을 녹음하는 것이 좋습니다. 만약 옆에 다른 누군가가 함께 있는 상황에서 전화가 걸려온다면 이때도 역시 스피커폰으로 전환해서 통화 내용을 들려주세요. 주변인의 증언 역시 학교폭력을 입증하는

데 도움이 됩니다.

Q. SNS에 전체공개로 제 사진을 올렸는데, 같은 학교 학생들뿐만 아니라 모르는 사람들까지도 댓글을 달아 인신공격과 욕을 합니다. 이것도 사이버폭력이 맞죠? 학교폭력예방법으로 처벌할 수 있나요?

A. 댓글로 인신공격과 욕설을 하는 것도 사이버폭력에 해당합니다. 질문자가 신상을 알고 있는 같은 학교 학생들은 물론이고 신상을 알지 못하는 인물들에 대해서도 학교폭력예방법에 따라 징계가 내려질 수 있습니다. 가해자들의 신상을 알지 못하는 경우라도 걱정하지 마세요. 경찰에 사이버폭력을 신고하여 수사가 진행되면 경찰에서 가해자들의 신상을 파악해서 형사처벌을 받도록 할 수 있습니다.

Q. 옆집 아이가 아동학대를 당하는 것 같아요. 정확한 증거는 없는데 이런 경우에도 신고가 가능한가요?

A. 아동학대범죄의 처벌 등에 관한 특례법 제10조 제1항에서는 아동학대 범죄를 알게 되었거나 의심이 되는 경우에는 누구든지 아동보호전문기관이나 수사기관에 신고할 수 있도록 규정하고 있습니다. 따라서 아동학대의 의심이 든다면 정확한 증거가 없더라도 신고할 수 있습니다.

Q. 아빠의 폭력 때문에 부모님이 이혼 소송을 진행하고 계세요. 그런데 미성년자인 동생이 있어서 3개월간의 숙려기간을 가져야 한다고 합니다. 이 숙려기간 동안 아빠와 떨어져 살 수 있을까요?

A. 피해자가 가정법원에 청구하면 판사는 '피해자 보호명령' 처분을 내릴 수 있습니다. 이를 통해 가해자에게 ① 피해자 또는 가정구성원의 주거 또는 점유하는 방실로부터의 퇴거 등 격리 ② 피해자 또는 가정구성원이나 그 주거·직장 등에서 100미터 이내의 접근 금지 ③ 피해자 또는 가정구성원에 대한 휴대폰, 인터넷 등을 이용한 접근 금지 ④ 친권자인 가정폭력행위자의 피해자에 대한 친권 행사의 제한을 명령할 수 있습니다. 더 나아가 아빠와 떨어져 다른 곳에서 머물고 싶다면 여성긴급전화

1366이나 가정폭력상담소를 통해 가정폭력 쉼터를 제공 받을 수 있습니다(221~223쪽 '아동학대, 가정폭력 피해자 지원기관' 참고).

Q. 여성긴급전화 1366을 통해 가정폭력 쉼터를 안내받았어요. 이곳에서는 언제까지 거주할 수 있을까요?

A. 쉼터마다 차이는 있을 수 있으나 6개월이 원칙이며 상황에 따라 기간의 연장도 가능합니다. 최대 2년까지 거주할 수 있습니다.

Q. 아빠와 저, 동생까지 세 식구가 함께 살아요. 아빠가 손찌검을 자주 하셔서 가정폭력으로 신고하고 싶은데, 아빠가 안 계시면 경제활동을 할 사람이 없어요. 만 15세 미만의 학생들은 아르바이트를 할 수 없다던데…… 어떻게 해야 할까요?

A. 청소년 상담 1388에서는 '청소년 특별 지원'을 통해 보호자의 보호를 받지 못하는 청소년에게 최대 3년까지 생활비, 학업비, 자립지원비 등의 경제적 지원을 하고 있습니다. 더 나아가 아빠와 떨어져서 생활하고 싶다면 청소년 쉼터에서 의식주 전반

에 걸쳐 보호를 받을 수 있으며, 쉼터에서 생활하는 동안 해당 청소년이 경제적으로 자립할 수 있도록 진로 탐색과 취업 상담 등의 도움을 줍니다.

Q. 교제하던 이성친구에게 스킨십을 했어요. 상대 친구도 말을 하진 않았지만 동의한다고 생각했고요. 그런데 성추행으로 신고해서 학교폭력대책심의위원회가 열렸어요. 사귀는 사이인데도 제가 한 것이 성추행인가요?

A. 상대방은 말로 표현하지 않았을 뿐, 거절 의사를 보였는데 이를 알아채지 못한 질문자는 동의했다고 착각했을 수도 있어요. 하지만 사귀는 사이라고 할지라도 상대방이 원하지 않는다면 이는 엄연히 성추행에 해당합니다.

Q. 한 친구가 제가 자기를 험담했다면서 학교폭력으로 신고를 했어요. 그런데 저는 그 친구를 험담한 적이 없거든요. 곧 학교폭력대책심의위원회가 열릴 거라는데, 무조건 징계를 받는 건가요?

A. 학교폭력대책심의위원회가 열린다고 해서 무조건 징계를 받는 것은 아닙니다. 학폭위에서는 신고된 사안이 학교폭력에 해당하는지 아닌지, 학교폭력에 해당하는 증거가 있는지 등을 판단합니다. 만약 학교폭력에 해당하지 않으면 '학교폭력 아님'으로, 증거가 부족한 상황이라면 '증거 불충분'으로, 판단이 어려우면 '조치 유보' 결정을 하고 빠른 시일 안에 추가 조사를 하게 해서 다시 판단하기도 합니다. 질문자의 경우에는 학교에서 사안 조사를 한 후에 상대방 친구를 험담한 적이 없다는 사실이 밝혀지면 학폭위에서 징계를 내리지 않고 '조치 없음' 결정을 내리게 되겠지요.

Q. 카페에서 아르바이트를 하고 있어요. 그런데 한 남자 손님에게 커피를 가져다드리니 딸 같다며 제 엉덩이를 툭툭 치더라고요. 기분이 매우 불쾌한데, 이런 경우에는 어떻게 대처해야 하나요?

A. 현장에서 곧바로 112에 신고하여 경찰이 출동한 후 가해자가 검거될 수 있게 하는 것이 좋습니다. 만일 손님이 이미 자리를 뜬 상황이라면 손님 본인이나 일행이 계산한 카드 내역을 확보해서 가해자의 신상이 파악될 수 있도록 하고, 경찰에 신고해

서 카페 CCTV에 찍힌 추행 장면을 증거로 확보할 수 있도록 합니다. 또한 여성긴급전화 1366, 해바라기 센터, 성폭력상담소, 청소년 상담 1388을 통해 신고 및 절차 진행과 심리 상담 및 각종 지원을 받을 수 있습니다(186~188쪽 '성폭력 피해자 지원기관' 참고). 미성년자를 추행한 행위를 저지른 가해자는 아동·청소년에 대한 강제추행죄(아동·청소년의 성보호에 관한 법률 제7조 제3항)에 해당하여 2년 이상의 유기징역 또는 1천만 원 이상 3천만 원 이하의 벌금에 처해집니다.

Q. 평소 사이가 좋지 않은 친구 한 명이 'OOO 욕하는 방'이라는 제목으로 오픈채팅방을 열어서 제 욕을 했어요. 그 방 안에는 여러 명의 사람이 모여 함께 제 험담을 하고 있었고요. 익명으로 참여하는 채팅방이기 때문에 채팅방을 개설한 친구 말고는 누군지 알 수가 없어요. 이런 경우에는 어떤 처벌을 내릴 수 있나요?

A. 우선 오픈채팅방을 열어서 욕을 한 친구에게는 모욕죄 또는 정보통신망법위반죄(명예훼손)로 처벌을 내릴 수 있습니다. 또한 익명으로 참여한 사람들은 사이버 수사를 통해 신원을 밝힌 후에 위와 마찬가지의 죄명으로 처벌을 내릴 수 있습니다.

에필로그

홀로 참고 견디는 청소년들에게 "너는 더 이상 혼자가 아니야"라고 말해 주고 싶습니다. 우리 가까이에 언제든 손을 내밀어 도움을 주는 내편, 법이 있으니까요. 늘 빛나고 소중한 존재인 여러분이 아픔을 딛고 앞으로 나아가기를 바랍니다.

우리를
지키는 법

초판 1쇄 발행 2020년 11월 23일
2쇄 발행 2022년 7월 18일

지은이 노윤호
펴낸이 이광재

책임편집 김난아
디자인 이창주   **일러스트** 조은애
마케팅 정가현   **영업** 노시영, 허남

펴낸곳 카멜북스   **출판등록** 제311-2012-000068호
주소 서울 마포구 성지길 25 보광빌딩 2층
전화 02-3144-7113   **팩스** 02-6442-8610   **이메일** camelbook@naver.com
홈페이지 www.camelbooks.co.kr   **페이스북** www.facebook.com/camelbooks
인스타그램 www.instagram.com/camelbook

ISBN   978-89-98599-73-7 (43360)